Coleção Dramaturgia

MATÉI
VISNIEC

Biblioteca teatral

Impresso no Brasil, outubro de 2014

Título original: *Pourquoi Hécube*
Copyright © 2014 by Matéi Visniec

Os direitos desta edição pertencem a
É Realizações Editora, Livraria e Distribuidora Ltda.
Caixa Postal: 45321 · 04010 970 · São Paulo SP
Telefax: (5511) 5572 5363
e@erealizacoes.com.br · www.erealizacoes.com.br

Editor
Edson Manoel de Oliveira Filho

Gerente editorial
Sonnini Ruiz

Produção editorial e revisão
Liliana Cruz

Preparação de texto
Nina Schipper

Capa e projeto gráfico
Mauricio Nisi Gonçalves / Estúdio É

Pré-impressão e impressão
Gráfica Vida & Consciência

Reservados todos os direitos desta obra. Proibida toda e qualquer reprodução desta edição por qualquer meio ou forma, seja ela eletrônica ou mecânica, fotocópia, gravação ou qualquer outro meio de reprodução, sem permissão expressa do editor.

POR QUE
Hécuba

MATÉI Visniec

TRADUÇÃO: VINICIUS BUSTANI

É Realizações
Editora

Ficha Técnica da Montagem Brasileira de *Por Que Hécuba*:

Texto: **MATÉI VISNIEC**

Tradução: **VINICIUS BUSTANI**
    com a colaboração de **CHICA CARELLI**

Encenação e concepção de espaço: **MARCIO MEIRELLES**

Música: **ALINE ALMEIDA**

Coreografia: **BÁRBARA BARBARÁ**

Figurino: **MARCIO MEIRELLES** e **GIZA VASCONCELOS**

Desenho de luz: **MARCIO MEIRELLES**

Projeto audiovisual: **RAFAEL GRILO** e **APOENA SERRAT**, a partir de vídeos da internet

Concepção da arte gráfica e fotos: **MARCIO MEIRELLES**

Elenco:
Atriz convidada:
    CHICA CARELLI, Hécuba
Atores da Universidade LIVRE de Teatro Vila Velha:
    ADRIANA GABRIELA, coro / alfaia
    AMANDA BRITO, jovem clarividente e coro / alfaia
    APOENA SERRAT, Afrodite / castanhola
    BÁRBARA VIEIRA, jovem clarividente e coro / alfaia

CAIO TERRA, Hefesto / guitarra

CESAR RASEC, Poseidon / berimbau

CLAUDIO VARELA, Polimestor e coro / alfaia

CRIS VIEIRA, coro / alfaia

DEYSE RAMOS, coro / repique

FLORA ROCHA, jovem clarividente e coro / alfaia

FRANKLIN ALBUQUERQUE, Hermes

GIZA VASCONCELOS, garota hidromel e coro / alfaia

IANA NASCIMENTO, a jovem

JEAN PEDRO, Polidoro e coro / baixo

JULIE ZACHEU, coro /caxixi

LUCILIO BERNARDES, Zeus / acordeon

MARCIA RIBEIRO, coro / caxixi

PATT DE CARVALHO, Polixena e coro / alfaia

SONIA LEITE, Hera

TIAGO QUERINO, o pastor

VADO SOUZA, o velho cego

VINICIUS BUSTANI, Ulisses e coro / flauta

YAN BRITTO, Apolo

Participação dos atores do XXVIII Curso Livre de Teatro da UFBA:

BRUNA BRITO, Créssida

FELIPE TANURE, Heitor

GENÁRIO NETO, Patroclus

GIOVANNA SEVERO, Atenas

HUGO BASTOS, Troilus

MARI GAVIM, Cassandra

RENAN MOTTA, Páris

RODRIGO VILLA, Pandarus

THIAGO ALMASY, Aquiles

Produção: Universidade LIVRE de Teatro Vila Velha
    Produção executiva: **VINICIUS BUSTANI**
    Supervisão de produção: **CHICA CARELLI**

Projeto da Universidade LIVRE de Teatro Vila Velha

Realização: TEATRO VILA VELHA

Integrando a programação comemorativa de seus 50 anos.

APRESENTAÇÃO

POR QUE HÉCUBA...

Japão, Brasil, Romênia... Três países onde minha peça *Por Que Hécuba* foi encenada. Três países em três continentes. Ouso ver aqui um sinal, um símbolo, uma esperança. Sinal de que os artistas em qualquer lugar do mundo partilham os mesmos valores. Símbolo de uma Internacional de pessoas do teatro que é viva e vital, reativa aos problemas da atualidade e sensível à herança cultural da humanidade. E vejo também nessa aventura humana e artística a esperança de que a cultura e a arte possam pouco a pouco formar o mundo, dirigindo-se ao espírito, conquistando o público.

Por Que Hécuba é uma peça sobre a violência, como a *Hécuba* de Eurípides. Mas, na minha, o olhar vai além, além do sofrimento e da vingança. Eu quis "empurrar" Hécuba para a revolta. Eu quis que essa mulher, fruto da mitologia grega, interpelasse os deuses e, com isso, os próprios fundamentos da nossa civilização. Pois o verdadeiro debate está aí: por que construímos tantas coisas sobre o sangue e a violência, sobre a guerra e o sofrimento? Vivemos num mundo onde, há quatro mil anos ou até mais, as guerras nunca terminam, onde os crimes se encadeiam sem parar, onde a violência é banalizada ou, pior, transformada na base narrativa da indústria do entretenimento e em modelo de comportamento.

Onipresente, glorificada pelos jogos eletrônicos e pelo cinema, a violência tornou-se um alimento cotidiano, uma droga que precisamos consumir diariamente em doses cada vez mais altas...

Existe também uma violência na imagem e na linguagem, uma agressividade na publicidade e na informação. Estamos, enfim, em guerra contra nós mesmos, filhos de uma violência milenar que se transmite pela mitologia, pela educação, pela política, pela cultura popular e pelo culto da competição.

Aqui estão apenas algumas pistas para a reflexão que esta peça pode engendrar. Sabemos que o teatro não pode nunca dar respostas completas, mas é importante que ele possa trazer à tona questões essenciais.

Gostaria também de saudar toda a equipe reunida em torno do encenador Marcio Meirelles, que me fez descobrir o Brasil, a cidade de Salvador e um mundo de pessoas apaixonadas pelo teatro e pelo diálogo. Minha primeira viagem ao Brasil, em outubro de 2013, foi uma revelação, fonte de emoções e trocas, de inspiração e reflexão. A Internacional de pessoas do teatro existe; a esperança é possível. A prova é a montagem da minha peça *Por Que Hécuba* em Salvador, no Teatro Vila Velha.

Matéi Visniec

AS PERSONAGENS

Por ordem de aparição

O PASTOR

O VELHO CEGO

A JOVEM

O CORO

HÉCUBA

os deuses:

ZEUS

APOLO

HEFESTO

POSEIDON

AFRODITE

HERMES

HERA

POLIDORO, *filho caçula de Hécuba*

POLIMESTOR, *rei da Trácia*

POLIXENA, *filha de Hécuba*

ULISSES, *rei de Ítaca*

As jovens aprendizes adivinhas

NOTA DO AUTOR

Pessoalmente, acredito que esta peça poderia ser montada num registro "evolutivo"... *O coro* da Antiguidade, por exemplo, poderia vir a ser, num dado momento, uma horda de jornalistas que fotografa tudo, que filma tudo e que relata de maneira exaltada e espetacular os novos infortúnios de Hécuba.

Os deuses do nosso tempo são os altos escalões das finanças internacionais, essas personagens que vemos raramente, esses fantasmas elegantes que se escondem na esfera das decisões sofisticadas sem ter nenhum contato com o mundo dos "mortais".

A queda de Troia do nosso tempo pode ser a cidade de Sarajevo sitiada durante a guerra na Bósnia, ou a cidade de Grozni destruída durante a guerra da Chechênia ou, ainda, Beirute nos anos 1970 ou, mais recentemente, Mogadíscio, na Somália, ou Alepo, na Síria...

Ulisses é um guerreiro experiente à frente de um clã num país qualquer repartido e assombrado pelo espectro da guerra civil. *Hermes*, o deus mensageiro, é um soldado americano especializado em operações de reconhecimento, munido de toda uma coleção de instrumentos ópticos e telefones via satélite, de óculos infravermelhos e dispositivos de escuta...

E, por fim, a *dor de Hécuba* é a dor universal das mães que dão à luz carne para canhão, meninos destinados a morrer cedo, crianças que se tornam, aos dez anos, crianças-soldados, garotos que, aos dezesseis anos, já são fanatizados, mas ao mesmo tempo fascinados pela guerra, jovens que, aos dezenove anos, já são veteranos e verdadeiros guerreiros experientes.

Ruínas de um antigo templo, ao cair da noite. Encolhido contra um pedaço de muro para se proteger do vento, um velho cego está acendendo uma fogueira.

Três sombras aproximam-se furtivamente e sopram a chama ainda frágil que se apaga. Escutam-se as risadas das três aparições; parecem ser três jovens que se divertem amolando um velho.

O velho cego recomeça a tatear com seus dedos os pedaços de madeira. Ele encontra, por acaso, uma raiz de forma curiosa, que lembra um pouco um cavalo. O velho cego tira uma faca e começa a esculpir o toco de árvore para dar-lhe ainda mais a forma de um cavalo.

Escuta-se o balido de um carneiro.

O pastor chega acompanhado por sua filha. Ele carrega uma ovelha viva nos ombros.

O PASTOR: Que os deuses o protejam, meu velho! Disseram que tinha um templo por aqui, mas não vejo templo nenhum. Só vejo esse monte de pedras, essas ruínas e esse altar profanado... A gente queria passar a noite abrigado. Mas vejo que vamos mesmo dormir ao relento. Fazer o quê?...

O VELHO CEGO: Você ouviu falar de um templo? Ha, ha... É bem aqui, o templo. É tudo o que restou do templo de Hera. Aproxime-se... Aqui, atrás desse muro, o vento é muito mais clemente...

O PASTOR: Vejo que você tentou acender uma fogueira...

(*O velho esconde seu pedaço de madeira, que tem a forma de um cavalo.*)

O VELHO CEGO: É, mas não consegui... Tem muito vento, e a madeira está muito úmida. E depois, é difícil para um cego catar lenha.

O PASTOR: Ó, pobre velho... você quer acender uma fogueira mas seus olhos estão apagados... Que azar! Você foi guerreiro? Como perdeu a visão?

O VELHO CEGO: É uma longa história e pela noite que se anuncia longa, eu vou poder lhe contar... Mas você não está só, sinto um perfume de frescor que chegou junto com você nessas terras selvagens...

O PASTOR: Você é cego, mas tem os outros sentidos bem aguçados. É, estou com minha filha doente.

O VELHO CEGO: E você deve ser pastor, não é?

O PASTOR: Como você sabe?

O VELHO CEGO: Eu enxergo também com meu nariz, assim como com meus ouvidos e meu coração. E até meu cérebro me ajuda um pouco. Quanto à ovelha que você carrega com você, saiba que ela já me contou um monte de coisas sobre sua vida...

O PASTOR: Então ela deve ter dito também que eu venho de longe, das montanhas do Ródope... Os deuses foram avarentos comigo, me deram só uma criança: essa menina, que desde que nasceu sofre de uma doença estranha... Toda lua cheia, ela começa a tremer e a suar, e ela diz coisas que não dá para entender...

O VELHO CEGO: E você pensa encontrar aqui uma curandeira? É por isso que trouxe essa ovelha? Você procura o templo de Hera?

O PASTOR: Me disseram que a mulher de Zeus protege as meninas... Já pedi ajuda a todos os outros deuses, sacrifiquei meus melhores carneiros nos altares de todos os deuses... Três bons carneiros somente para Zeus, o rei dos deuses e protetor de todos nós... Dois carneiros brancos somente para Apolo, o encarregado de purificar nossas almas... Para Artêmis, que protege as crianças e os jovens, ofereci uma ovelha com o velo branco como a espuma do mar... Mas não deu em nada...

O VELHO: É... Você está sem sorte, pastor de Ródope... Como vê, o templo de Hera não existe mais... A guerra passou por aqui e não há mais nada, infelizmente... Melhor, sobraram, sim, as ruínas, os rastros de sangue e de lágrimas, as cinzas e esse vento frio que desce dos cumes gelados do Olimpo.

A JOVEM: Pai, esse lugar é maldito... Vamos embora. Eu tenho medo...

O PASTOR: Cale a boca, menina. Um lugar que abrigou um templo não pode ser maldito. Não é mesmo, meu velho?

(*O ruído do vento se intensifica. Mas ao mesmo tempo escuta-se o uivo de um animal, como se fosse um lobo ou um cão ferido.*)

A JOVEM: O que é isso? Quem está uivando assim? Não pode ser o vento... Vamos embora!

O PASTOR: A noite vai cair, minha filha. É melhor a gente ficar aqui, ao lado deste homem sábio. E depois, ele tem razão... Esses muros, mesmo em ruínas, vão nos proteger do vento melhor que a planície... Vamos também catar lenha e, se o vento por acaso se acalmar, acendemos de novo o fogo... (*Dirigindo-se ao velho.*) A gente pode passar a noite com você?

O VELHO CEGO: Pode, mas saiba que sua filha tem razão. Este lugar é maldito... E o que vocês escutam não é só o ruído do vento...

O PASTOR: É, é verdade... Parece um lobo ou um cachorro... Talvez seu cachorro? Seu cachorro que se perdeu?

O VELHO CEGO: Não é um cachorro, é uma cadela... Uma cadela ferida...

(*Escuta-se o mesmo uivo de animal ferido, porém muito mais perto. Entre duas rajadas de vento, o uivo se torna ainda mais macabro.*)

A JOVEM: Pai, ela se aproxima, essa besta... Pai, o que vamos fazer?

O PASTOR: Não tenha medo, é só uma cadela raivosa... Vamos espantá-la a pedradas...

(*O velho começa a rir. Ele ri cada vez mais alto.*)

O VELHO CEGO: Nunca uma pedra fará medo a Hécuba...

A JOVEM (*a seu pai*): Por que ele está rindo? Ele é louco? Topamos com um louco?

O PASTOR: Pare de rir, meu velho. Você está assustando a gente mais ainda.

O VELHO CEGO: Desculpem... Mas justamente esta noite teremos lua cheia... E muitas coisas vão acontecer nessa colina... Nós podemos até mesmo receber a visita de Hécuba...

O PASTOR: Hécuba? A rainha da cidade de Troia? Que perdeu todos os filhos na guerra?

O VELHO: Sim, ela deu à luz dezenove meninos e todos estão mortos. Todos assassinados, massacrados pelos gregos, durante a tomada da cidade de Troia...

O PASTOR: E o que é que ela faz aqui, Hécuba? Ela deve estar em algum lugar entre Ítaca e Esparta, escrava dos vencedores...

(*O uivo de um animal ferido ressoa ainda mais perto. A jovem pega uma pedra e fica de pé, pronta a atirá-la.*)

A JOVEM: A besta se aproxima! (*Ela joga uma pedra na direção do animal.*) Vá embora, monstro!

O VELHO CEGO: Pare, menina... Ela não tem medo de pedras... Pelo contrário, as pedras que acertam nela ela agarra e morde... Além do mais, ela não quer nos fazer mal... Tudo isso é só porque estamos sobre as terras dos seus infortúnios. Ela vem nos dar boa-noite e quem sabe reencontrar seus filhos...

(*Imagem que faz tremer as personagens: uma gigantesca cabeça de cadela, os olhos em chamas, aparece durante alguns segundos. O uivo é ainda mais forte.*

É o momento em que a lua cheia aparece.)

A cena é invadida pela névoa. Hécuba, mulher velha vestida de preto, mantém-se de pé, diante do público. Seis personagens mascaradas aparecem e caminham, em fila indiana, na direção de Hécuba. É o coro da Antiguidade. À frente do cortejo, um flautista. O último membro do coro traz em seus braços uma urna funerária de cerâmica.
É possível ouvir distintamente os passos de todas essas personagens, como se elas calçassem botas de sola metálica que fazem um barulho seco e forte, em contato com o piso de pedra. O barulho é quase militar e evoca o avanço de um exército ou, então, de maus presságios.

O cortejo avança lentamente, seguindo o ritmo do flautista.

O CORO (*uníssono*)**:**

Hécuba... Seu nome quer dizer desgraça.

Hécuba... Seu nome quer dizer luto, seu nome quer dizer dor...

Hécuba... Seu nome quer dizer lágrimas, sangue, desespero...

Hécuba... Seu nome quer dizer noite escura, aflição, grito no deserto, solidão e medo...

Hécuba... Seu nome quer dizer lágrimas de sangue e lágrimas de cinzas...

Hécuba... Seu nome quer dizer alma destruída, noite da alma e grito da alma...

Sim, Hécuba, escutamos o grito da sua alma, é por isso que nós estamos aqui...

Sim, Hécuba, sua alma sangra, escutamos os gritos das gotas de sangue que escoam de sua alma.

E, então, nós lhe trazemos as cinzas de seu filho Heitor, morto na batalha...

(*O coro se posiciona em semicírculo, atrás de Hécuba. A urna funerária é passada de mão em mão até chegar ao primeiro membro do cortejo, que a esvazia aos pés de Hécuba.*

O cortejo se retira da mesma maneira, seguindo o flautista.)

HÉCUBA (*olha o monte de cinzas*): É você, isso, meu filho? É você, isso, meu belo Heitor, o mais valente dos troianos? Foi este monte de cinzas que saiu do meu ventre quando eu o coloquei no mundo? Estranho... Foi este monte de cinzas que irrompeu num grito alegre ao nascer? Estranho... Meu filho Heitor, que me pedia o tempo todo que eu lhe contasse histórias, transformado num monte de cinzas? Não pode ser verdade... Não, os deuses não podem permitir isso... Não estava previsto nas leis da natureza que uma mãe assistisse à morte de seu filho... Não, essa não é a lógica do mundo... O universo tem um sentido... As estrelas giram sempre num mesmo sentido... Os dias e as noites se encadeiam segundo uma regra precisa... É igual com as estações do ano e com os algarismos... E somente na vida dos seres humanos não existem regras... Por quê?

(*O coro aparece novamente. À frente do cortejo, dessa vez, um tocador de tambor. Os membros do coro avançam da mesma forma, mas agora cada um traz nos braços uma urna funerária.*)

O CORO (*uníssono*):

Hécuba... seu nome quer dizer desgraça.

Hécuba... você foi rainha e agora você é uma pobre escrava.

Hécuba... dezenove vezes você pariu e agora todos os seus filhos estão mortos.

Hécuba... seu marido, o rei Príamo, foi morto diante de você.

Hécuba... sua cidade, a maravilhosa cidade de Troia, foi incendiada, saqueada, destruída diante de seus olhos.

Hécuba... você perdeu tudo, seus filhos, seu marido, seu povo, sua cidade, seus bens, sua liberdade.

Hécuba... você que vivia no mais belo palácio do mundo, agora vive numa tenda, com as outras mulheres, escravas do seu novo senhor, o guerreiro grego Ulisses...

Hécuba... desde que o mundo existe nenhuma mulher foi assim tão desgraçada como você... e é por isso que os deuses decidiram lhe oferecer uma pequena consolação...

Aqui estão as cinzas de seu filho Páris...

Aqui estão as cinzas de seu filho Deífobus...

Aqui estão as cinzas de seu filho Troilus...

Aqui estão as cinzas de seu filho Laódices...

Aqui estão as cinzas de seu filho Polites...

Aqui estão as cinzas de seu filho Helenus...

(*Os seis membros do coro esvaziam as urnas diante de Hécuba. O coro se retira. Hécuba cai de joelhos diante dos sete montes de cinzas.*)

HÉCUBA: Sete montes de cinzas... Os deuses estão generosos hoje... Eles me enviaram sete montes de cinzas... Sete dos meus filhos em cinzas... Sou uma mãe satisfeita... E, depois, eu reconheço todos... Não há a menor dúvida, esse pequeno monte de cinzas é você, Heitor... Você, o mais valente dos troianos... Bom pai, bom esposo, sábio estrategista... Morto em combate, diante dos meus olhos, por Aquiles... Arrastado em seguida atrás da carruagem de seu vencedor, diante das muralhas de Troia e, claro, diante dos meus olhos terrivelmente feridos...

E esse monte de cinzas não pode ser outro senão você, Páris... Eu o reconheço, meu filho caçula, foi por sua causa que todo esse infortúnio caiu sobre nós... Foi você que sequestrou a bela Helena, esposa de Menelau, o rei de Esparta... Você não sabia que não se deve insultar os gregos? Pobre Páris, belo e sem cérebro, valente, mas desprovido de sorte...

E aqui está meu filho Troilus... Mais um morto por Aquiles... Você foi dar de beber aos cavalos, quando Aquiles apareceu na sua frente. Você quis se salvar, abrigando-se no templo de Apolo, mas Aquiles cortou sua cabeça. E foi assim que eu lhe encontrei diante dos portões de Troia, sua linda cabeça cortada, jogada na poeira.

Ó, meus filhos queridos, sinto que meu coração também se transforma em poeira e cinzas...

(*O coro volta pela terceira vez. À frente do cortejo, um trombeteiro. Cada membro do coro traz nos braços duas urnas funerárias.*)

MEMBRO DO CORO 1: Hécuba, sua cidade foi reduzida a pó...

O CORO: Sejamos felizes, a paz voltou...

MEMBRO DO CORO 2: Hécuba, todos os troianos agora estão mortos ou foram vendidos como escravos...

O CORO: Sejamos felizes, a paz voltou...

MEMBRO DO CORO 3: No lugar da cidade mais bela do mundo não há nada além de um buraco aberto cheio de cinzas...

O CORO: Sejamos felizes, a paz voltou...

MEMBRO DO CORO 4: Uma chuva de cinzas cai agora sobre seu país, de onde os gregos se preparam para partir, levando todas as riquezas.

O CORO: Sejamos felizes, a paz voltou...

MEMBRO DO CORO 5: E aqui estão as últimas urnas de cinzas, agora todos os seus filhos estão aqui...

O CORO: Sejamos felizes, a paz voltou...

MEMBRO DO CORO 6: Conte, Hécuba, conte... Os deuses já contaram por você: dezenove cadáveres, dezenove troféus, dezenove urnas de ouro e dezenove montes de cinzas...

O CORO: Sejamos felizes, a paz voltou...

MEMBRO DO CORO 6: Conte, Hécuba, conte...

(*Os membros do coro esvaziam todas as urnas funerárias diante de Hécuba. Eles se retiram.*)

HÉCUBA: Dezenove, você disse? Sim, dezenove é o número de filhos que tenho... Dezenove filhos, dezenove montes de cinzas... Mas eu tenho que contar, porque eu não confio nos deuses... Não, deuses malditos, eu não posso confiar em vocês... Eu devo contar, eu tenho que contar...

Um, dois, três...

(*Para o público.*) Eu lhes digo, os deuses são preguiçosos, os deuses têm a cabeça em outro lugar... Eles sempre enganam, eles trapaceiam, eles roubam...

E se eles me roubaram um filho? Um monte de cinzas a menos? Sim, eu tenho que contar...

Um, dois, três, quatro, cinco...

Mas, por que eu paro em cinco? Eu sei contar mais que isso... Eu sei ir além dos cinco dedos da mão...

Seis...

Mas, por que eu paro em seis?

É, tenho que verificar tudo, os presentes dos deuses, muitas vezes, são envenenados, e se faltarem dois montes de cinzas?

Um, dois, três, quatro...

Não, Hécuba, você é burra, esses aqui você já contou... Não recomece, Hécuba, conte os outros, conte até dezenove...

Um, dois, três, quatro, cinco, seis, sete, oito, nove...

Isso, Hécuba, bravo, você sabe contar... Nove como os nove meses que cada um dos seus filhos passou no seu ventre... Coragem, vá até dezenove, vamos... É preciso verificar, verificar se todos os seus filhos estão aqui...

Dez, onze, doze...

Muito bem, Hécuba, não recomece de jeito nenhum, você foi bem até doze, vamos, um pequeno esforço ainda... Doze dos seus filhos estão aqui, doze montes de cinzas como as doze badaladas do meio-dia...

Treze... Quatorze... Quinze...

Sim, sim... Vamos, conte... Não pense que se você parar de contar, você ainda vai salvar ao menos um dos seus filhos... Vamos, Hécuba...

Dezesseis... Dezessete... Dezoito...

Está vendo, Hécuba? Os deuses foram honestos... Não está faltando nenhum dos seus filhos... Vamos, vamos, vá até o fundo do seu sofrimento... Conte-os todos, seus filhos, agora, são números e os números seguem uma sequência lógica imutável... Depois de dezoito vem dezenove, não há nada a fazer, vamos, diga dezenove...

Dezenove...

(*Gritando.*) Dezenove!

Os deuses foram corretos. Devo agradecer-lhes agora...

(*Música fúnebre. Os membros do coro dão início a uma dança ritualística em torno de Hécuba, com máscaras de luto.*

Hécuba se aproxima de cada monte de cinzas, pega um punhado e espalha sobre a cabeça. Depois de ter feito isso com os dezenove montes de cinzas, ela fica imóvel, transformada numa estátua de cinzas, no meio dos dezenove montes.)

Noite iluminada pela lua. A névoa se dissipa ao redor das ruínas do templo de Hera. O pastor, sua filha e o velho cego dormem encolhidos uns contra os outros.

No primeiro plano está Hécuba, como uma estátua de cinzas.

A jovem acorda num sobressalto, olha ao seu redor, caminha como uma sonâmbula. Aproxima-se de Hécuba.

A JOVEM: Eu tive um sonho terrível. Estou encharcada de suor. Sonhei que uma serpente veio e ficou do meu lado, enquanto eu dormia. Uma grande serpente negra com uma língua bifurcada que mexia sem parar. Mas ela não era má, não... Embora... Enfim, ela começou a me lamber, primeiro uma orelha, depois a outra... Ela me lambeu também o rosto, principalmente os lábios... Foi nesse momento que acordei assustada... (*Ela cospe.*) Ainda tenho a impressão de ter baba de serpente nos lábios... E, atrás das minhas orelhas, sinto uma espécie de queimação... O que poderia significar esse sonho? Quer dizer, esse pesadelo, porque eu não gosto de serpentes... Eu gosto de todos os animais que caminham sobre a terra, que voam no céu, que trepam nas árvores, que nadam no mar... Com exceção da serpente... A serpente sempre me dá medo. A senhora saberia me dizer por quê?

(*Hécuba sacode a cabeça várias vezes. As cinzas caem e revelam seu verdadeiro rosto de mulher velha.*)

HÉCUBA: Você será sacerdotisa um dia, minha menina. Mas não deixe que ninguém, nunca, rompa seu hímen. Não deixe ninguém, nem homem, nem deus, penetrar na sua carne, nem na sua alma. Não procrie jamais, para não juntar sangue ao sangue. Se você gera a vida, você engendra também a morte. E não se submeta nunca à vontade dos homens. Permaneça pura e obedeça somente às Moiras, as forças que vigiam os destinos.

A JOVEM: Me desculpe... A senhora é, por acaso, a guardiã do templo? Ontem, à noite, nós procuramos a senhora, mas a senhora não estava aqui... Nós encontramos somente um velho cego, então, decidimos passar a noite aqui, meu pai e eu, ao lado dele... E uma boa parte da noite, ele nos contou histórias horríveis... Estranho, ele conta histórias terríveis e depois dorme calmamente, sereno e contente...

HÉCUBA: É preciso tomar cuidado com os prosadores cegos... Mas escute o que as Moiras dizem através de sua alma, que entrevê o que está por vir. Você pode me dizer, talvez, por que eu ainda estou viva?

A JOVEM: Quem é a senhora? Eu acordei a senhora, não foi? Ainda agora, tive medo também por causa de uma cadela que veio me farejar... Mas ela não me fez mal nenhum. Muitas coisas estranhas acontecem por aqui... Mas por que a senhora está coberta de cinzas? ... E o que a senhora faz aqui? A senhora tentou acender algum fogo?

HÉCUBA: Sim... Dezenove vezes.

A JOVEM: Dezenove vezes?

HÉCUBA: Sim... Dezenove vezes.

A JOVEM: A senhora quer dizer que tentou acender dezenove fogueiras?

HÉCUBA: Sim.

A JOVEM: Entendi... Mas todas elas se apagaram.

HÉCUBA: Sim, todas elas se apagaram...

A JOVEM: Então, esses montes de cinzas são tudo o que resta das suas fogueiras?

HÉCUBA: Sim. Eu acendi dezenove fogueiras, mas nenhuma ficou viva.

A JOVEM: É verdade que está fazendo muito frio esta noite...

HÉCUBA: Sim, esta noite está fazendo muito frio...

A JOVEM: Mas onde a senhora encontrou tanta madeira seca para acender tantas fogueiras? Isso aqui é um verdadeiro deserto de pedras.

HÉCUBA: Eu sei fazer fogo com as pedras, minha menina.

A JOVEM: Dezenove montes de cinzas... e dezenove fogueiras... Manter acesas tantas fogueiras ao mesmo tempo não deve ter sido uma tarefa fácil. A senhora devia ter acordado a gente... A gente podia ter ajudado a manter suas fogueiras vivas.

HÉCUBA: Sim, foi difícil, para mim, manter vivas essas fogueiras... O tempo todo, eu tinha que correr de uma para a outra... Algumas vezes, tive que alimentar várias fogueiras ao mesmo tempo... É terrível assistir a um fogo que morre. Algumas vezes, tive que soprar as brasas durante muito tempo para reacender as chamas...

A JOVEM: E o que aconteceu depois? A senhora adormeceu? Ou foi o vento que varreu tudo? Os ventos estão bem perversos esta noite.

HÉCUBA: Não, as cinzas que foram mais fortes do que eu.

(*A jovem toca vários montes de cinzas.*)

A JOVEM: Mas as cinzas ainda estão quentes... Tome, sinta, algumas estão até queimando, talvez ainda tenha brasas acesas embaixo das cinzas...

HÉCUBA: Não, minha jovem, agora acabou... Foram os deuses que me enviaram todas essas cinzas, e agora eu devo comê-las...

(*Hécuba começa a comer as cinzas de seus filhos.*)

A JOVEM: A senhora me dá medo... Talvez seja uma bruxa? A senhora é uma vidente? Talvez seja até uma deusa? Tudo o que a senhora diz é estranho... Por que está comendo essas cinzas?

HÉCUBA: Porque eu devo partir... E não posso fazer de outra forma. Senão, como levar todos os meus filhos comigo? Na sua bondade, os deuses me devolveram as cinzas de todas as fogueiras que acendi na minha vida. E agora devo partir com elas... Me transformei numa urna... Devo comer todos esses dezenove montes de cinzas... Mas volte a dormir, minha jovem, pois seu sonho não acabou... Você ainda não acordou, e é perigoso andar assim, perto desses rochedos... E saiba que a serpente que lhe beijou a boca lhe deu um dom maravilhoso, minha jovem. Você saberá prever o futuro dos vivos, mas também o dos mortos. Talvez você possa me dizer se o caminho que ainda devo percorrer será longo.

O coro aparece.

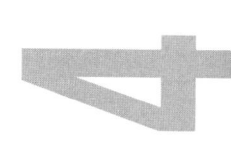

O CORO: Faz três dias que Hécuba come as cinzas de seus filhos.

MEMBRO DO CORO 1: Sua alma sangra e grita ao mesmo tempo.

MEMBRO DO CORO 2: Mas a boca de Hécuba permanece muda, pois ela deve mastigar as cinzas de seus filhos.

O CORO: Faz três dias que Hécuba come as cinzas de seus filhos.

MEMBRO DO CORO 3: Ela começou com as cinzas de Páris, seu primogênito. Um dia inteiro, ela mastigou, triturou entre os dentes as cinzas de seu filho Páris.

MEMBRO DO CORO 4: Não é fácil engolir cinzas, é preciso misturar bem com a saliva e o sangue. Mas Hécuba não tem pressa. Sua boca se transformou, ao mesmo tempo, num crematório e num túmulo.

MEMBRO DO CORO 5: Cada bocado de cinzas deve ser mastigado cem vezes, mil vezes, dez mil vezes. Desde que os deuses criaram a terra, ninguém nunca comeu cinzas.

MEMBRO DO CORO 6: É por isso que nenhuma ciência estabeleceu, ainda, as regras para saber como se deve fazer para comer cinzas. É Hécuba quem está descobrindo e inventando ao mesmo tempo esta nova ciência: como levar à boca as cinzas, que quantidade pegar para cada bocado, quanto tempo mastigar e como engolir depois.

O CORO: Há seis dias, quando Hécuba continuou a comer as cinzas de seus filhos, os deuses ficaram um pouco nervosos.

MEMBRO DO CORO 1: A alma de Hécuba sangra tão forte e berra tão alto, que incomoda os deuses.

MEMBRO DO CORO 2: Eles olham Hécuba e começam a ficar inquietos.

MEMBRO DO CORO 3: Mas o que é que ela quer, de fato, essa velha maluca?

MEMBRO DO CORO 4: Por que ela come cinzas, sentada em meio às ruínas do templo de Hera, protetora das mulheres grávidas e das mães, protetora dos casais e da fecundidade, protetora das crianças e das mulheres que dão à luz?

MEMBRO DO CORO 5: Por que Hécuba come cinzas, há nove dias, em meio às ruínas do templo de Hera, um templo que ela destruiu com as próprias mãos?

Com vários galhos na mão, o pastor se aproxima de sua filha. Ele não vê nem Hécuba nem os montes de cinzas.

O PASTOR: Ei! Onde você está? Está fazendo o quê? O que é que você achou lá?

A JOVEM: Só montes de cinzas... Os guerreiros devem ter passado por aqui, vejo os rastros do acampamento deles...

O PASTOR: Fiquei com medo... O vento parou, está na hora de acender a fogueira... Nosso companheiro de infortúnio está quase congelado... Ele estará morto amanhã, e nós também, se continuarmos assim... Vá cortar outros galhos, e eu vou preparar a fogueira...

(*Com uma faca, a jovem começa a cortar galhos. O pastor acende a fogueira.*)

O PASTOR (*sacode o velho cego*)**:** Ei, velho sábio... Não durma... Você vai morrer de frio... Abra os olhos... Quer dizer, abra seu espírito e venha se aquecer...

O VELHO CEGO (*esquentando as mãos*)**:** Eu não estou dormindo, escuto os barulhos da noite. Dezenove espíritos passaram por aqui... E essa infeliz Hécuba transformada em cadela...

O PASTOR: Pare de assustar minha filha com suas histórias... O espírito dela já é confuso o bastante como está... Muitas vezes, ela fala enquanto dorme. Mas eu nunca entendo o que ela diz. Não sei que língua ela fala, nem o que ela quer dizer... E, de manhã, ela nunca se lembra de nada... Mas não me diga que aquela cadela que a gente acabou de ver é Hécuba.

O VELHO CEGO: Sim, é ela... É ela que erra à noite pelas terras de Trácia e uiva sem cessar, assustando todo mundo... Foi Hera, a esposa de Zeus, que a transformou em cadela, porque os deuses não suportavam mais suas lamentações... Mas agora é ainda pior, pois seus uivos são muito mais terríveis... E, com seus olhos em chamas, ela é ainda mais assustadora... Dizem que aqueles que olham diretamente nos olhos dela perdem, por um tempo, a capacidade de falar...

(A jovem volta com um feixe de galhos numa mão e com a faca ensanguentada na outra.)

A JOVEM: Tome, pai, eu trouxe alguns galhos... mas acho que eles não estão secos o bastante para queimar... Aliás, é estranho, cada vez que corto um galho, uma espécie de cera quente e vermelha escorre do lugar onde acabei de cortar.

O VELHO CEGO: Isso não é cera, é sangue.

O PASTOR: Sangue? Sangue de quem?

O VELHO CEGO: Sangue humano. Esses galhos crescem sobre uma tumba.

A JOVEM: Mas eu não vi nenhuma tumba no lugar onde cortei os galhos... Só tinha pedras, mato e, aqui e ali, alguns ninhos de mérulas...

O VELHO CEGO: E, no entanto, esse sangue é de um menino que foi degolado bem aqui, sobre essa colina...

O PASTOR: Ó, para um cego, você conhece um bocado de coisas... Quem é você de verdade? Você foi o guardião desse templo? E agora você é o guardião dessas ruínas?

O VELHO CEGO: Sim e não... Eu sou o guardião de uma história que se escreve diante dos meus olhos cegos. Só isso.

O PASTOR: E nós, somos quem na sua história?

O VELHO CEGO: Vocês são aqueles que vão contá-la para os outros... Vocês são aqueles que vão espalhar essa história por todos os cantos do mundo...

(*Escuta-se ainda o uivo da cadela ferida. Em seguida, três batidas de gongo.*)

Entra o coro.

MEMBRO DO CORO 1: Esta noite nevou sobre o monte Olimpo, o reino dos deuses.

MEMBRO DO CORO 2: Tudo está branco, tudo está belo, tudo é puro sobre o monte Olimpo.

MEMBRO DO CORO 3: O ar está congelado, o silêncio é frágil... Até os deuses estão deslumbrados com tanta beleza...

MEMBRO DO CORO 4: E, já que o cenário está montado, os deuses querem assistir a uma peça de teatro...

CORO: Esta noite, sim, esta noite os deuses vão ao teatro.

(*As trombetas ressoam, as luzes se acendem.*)

MEMBRO DO CORO 1: Eis Zeus, soberano dos deuses, divindade do céu, o olho que tudo vê e que tudo sabe, mestre dos raios e da luz, guardião dos humanos e protetor dos lares... Grande apaixonado pelo teatro, sobretudo pelas tragédias.

(*Batida de gongo. O coro traz Zeus sob a forma de uma marionete gigante ou de um ator mascarado com uma cabeça gigante. Ele é instalado na frente de um dos montes de cinzas, sobre uma cadeira extremamente alta.)*

MEMBRO DO CORO 2: Eis Hera, mulher de Zeus, deusa da fecundidade, protetora dos casais e das crianças... Grande apaixonada pelo teatro, sobretudo pelas tragédias.

(O mesmo jogo. Batida de gongo. O coro traz Hera. Ela é instalada da mesma forma, sobre uma cadeira bem alta, na frente de outro monte de cinzas.)

MEMBRO DO CORO 3: Eis Poseidon, deus dos mares, maestro dos terremotos, soberano dos ventos e mestre das ondas... Grande apaixonado pelo teatro, sobretudo pelas tragédias.

(Batida de gongo. O coro traz Poseidon sob a forma de marionete gigante. Ele é instalado diante de um dos montes de cinzas.)

MEMBRO DO CORO 4: Eis Hefesto, deus do fogo e da metalurgia, mestre das armas, demiurgo da guerra e protetor da paz... Louco apaixonado pelo teatro, sobretudo pelas tragédias.

(Batida de gongo. O coro traz Hefesto, que é o mais feio de todos os deuses.)

MEMBRO DO CORO 5: Eis Afrodite, deusa do amor e da beleza, protetora dos amantes e das alcovas, senhora dos segredos do coração e da paixão das almas. Grande, grande apaixonada pelo teatro, sobretudo pelas tragédias.

(*Batida de gongo. Afrodite é instalada ao lado dos outros deuses, num semicírculo, diante "da cena" formada pelos montes de cinzas.*)

MEMBRO DO CORO 1: Eis Hermes, mensageiro dos deuses e deus do comércio, protetor dos mercadores e das rotas, inventor dos pesos e das medidas... Fascinado pelo teatro, sobretudo pelas tragédias.

(*Batida de gongo. A marionete que representa Hermes é instalada na frente de um dos montes de cinzas.*)

MEMBRO DO CORO 2: Eis Atenas, deusa da sabedoria, da guerra e do conhecimento, benevolente protetora da vida civilizada, dos artesãos e dos trabalhadores... Grande, grande, grande apaixonada pelo teatro.

(*Batida de gongo. A marionete que representa Atenas toma seu lugar no espetáculo.*)

MEMBRO DO CORO 3: Eis, enfim, Apolo, deus da verdade e da pureza, da poesia e da música, das artes e do teatro... Foi ele quem inventou as artes cênicas, e todo mundo, os deuses e os mortais, é grato a ele por isso.

(*Apolo chega e assume o seu papel de "encenador".*

Os deuses aguardam o início do espetáculo. Suas cabeças gigantes movem-se impacientes; eles sussurram, gargalham, bebem, comem, empurram-se e perturbam uns aos outros, etc. Definitivamente, eles são muito indisciplinados.)

APOLO: Mestres do Olimpo, boa noite... (*Ele tosse.*) Mestres do Olimpo...

ZEUS (*vendo-se obrigado a intervir, já que a autoridade de Apolo é relativamente fraca*): Silêncio! (*Os deuses se calam.*) Então, o que vamos ver esta noite?

APOLO: Esta noite assistiremos... à destruição da maravilhosa cidade de Troia!

HEFESTO: Ah, não... de novo?

POSEIDON: Mas a gente já viu na semana passada... E na retrasada também...

AFRODITE: Sim, sim, que bom, a destruição de Troia, eu adoro...

HERMES: Ah, não! Algo novo!

HERA: Eu quero assistir à destruição de Troia. É linda a queda de Troia, podemos assisti-la mil vezes, sem cansar...

HERMES: Ah, não...

HERA: Ah, sim...

ZEUS: Está decidido, vamos assistir à queda de Troia! Que comece o espetáculo!

(*Os membros do coro começam a manipular todo tipo de acessórios minúsculos, para sugerir a cidade de Troia cercada pelos guerreiros gregos. Como os "deuses" estão sentados em cadeiras bem altas, eles dão a impressão de dominar também o "teatro dos mortais".*)

O CORO: Desgraça, desgraça, desgraça...

MEMBRO DO CORO 1: Há dez anos que o sangue jorra diante da bela cidade de Troia...

MEMBRO DO CORO 2: Há dez anos que os mais bravos heróis do mundo antigo...

HEFESTO: O que é isto, "mundo antigo"?

ZEUS: Cale-se. (*Para o coro.*) Continuem!

MEMBRO DO CORO 2: Há dez anos que os mais bravos heróis do mundo antigo esgotam-se em combates diante das muralhas da cidade de Troia.

MEMBRO DO CORO 1: Quantos guerreiros maravilhosos, corajosos, sinceros e belos estão mortos...

MEMBRO DO CORO 2: O mais valente dos guerreiros gregos, Patroclus, foi morto por Heitor, o mais valente dos guerreiros troianos...

O CORO: Ai, ai, ai...

MEMBRO DO CORO 1: Heitor, o mais valente dos guerreiros troianos, foi morto por Aquiles, o mais fulminante dos guerreiros gregos.

O CORO: Ai, ai, ai...

MEMBRO DO CORO 2: Aquiles, o mais fulminante entre os guerreiros gregos, foi morto pelo mais sagaz dos guerreiros troianos, Páris...

O CORO: Ai, ai, ai...

HEFESTO: O que é isto, "mundo antigo"? Que bobagem é essa?

ZEUS: Cale-se! (*Para o coro:*) Continuem, um pouco mais rápido...

O CORO: Há dez anos que o sangue jorra, que os braços se cansam, que as almas se esvaem...

MEMBRO DO CORO 1: As almas estão cansadas, os corações enojados...

MEMBRO DO CORO 2: A determinação dos gregos vacila, eles pensam que os deuses já não estão mais ao lado deles...

HEFESTO: Mas eu estou do lado deles...

ZEUS (*furioso, para Hefesto*)**:** Ou você cala essa boca ou vai embora...

HEFESTO: Mas eu sou a favor...

(*Hefesto se cala, intimidado por um gesto ameaçador de Zeus.*)

O CORO: Eis que o guerreiro Ulisses, o mais astuto dos gregos, tem uma ideia...

Ele constrói um cavalo de madeira gigante...

MEMBRO DO CORO 1: Um presente para os troianos...

MEMBRO DO CORO 2: Sim, um belo presente para os troianos...

MEMBRO DO CORO 3: Pois os gregos decidiram partir bruscamente...

MEMBRO DO CORO 4: Voltar para a terra deles...

MEMBRO DO CORO 5: Adeus, troianos...

MEMBRO DO CORO 6: Desculpem por ter incomodado vocês durante dez anos...

MEMBRO DO CORO 1: Nós incomodamos vocês, mas os respeitamos...

MEMBRO DO CORO 2: Pois vocês são invencíveis.

MEMBRO DO CORO 3: Sendo assim, nós lhes oferecemos esse cavalo de madeira...

MEMBRO DO CORO 4: Para honrar sua bravura.

MEMBRO DO CORO 5: E lá estão os barcos gregos que se afastam da costa.

MEMBRO DO CORO 6: Eis que os troianos quebram suas muralhas para fazer entrar o gigantesco cavalo na cidade...

O CORO: Vejam a festa que começa. Ai! ai! ai!

(*A festa é geral. Os deuses servem-se de bebida, cada membro do coro pega um instrumento musical e começa a tocar.*

Com os cabelos desarrumados, os pés descalços, desesperada, Hécuba aparece e deambula em meio à cena. Ela aperta nas mãos o cavalo de madeira esculpido pelo velho cego. Ela fala, mas ninguém a escuta.)

HÉCUBA: Por todos os deuses, não façam isso... Vocês estão cegos, ou o quê? Vocês não veem que é uma armadilha? Príamo, meu esposo e rei de Troia, pare de beber como uma esponja e de dançar como um sátiro... Você está louco? Você vai deixar seu povo seguir para a perdição?

Ei, todos vocês, sou eu, Hécuba, a rainha de Troia, quem lhes fala... Vocês perderam a razão? Vocês não veem que esse cavalo é portador da desgraça? Vocês não sabem que, para os gregos, o cavalo simboliza a morte?

Ei, ouçam, sou eu, Hécuba, sua rainha quem lhes fala... Eu já assisti, diante das muralhas de Troia, à morte de dez dos meus filhos, eu não quero agora perder todos os outros, assim como meu povo e minha cidade... Troianos, não tragam esse cavalo monstruoso para o coração de nossa cidade... Não abram os portões, não quebrem nossas muralhas para fazer entrar a maldição...

Esse cavalo de madeira, o melhor que fazemos é queimá-lo, imediatamente, na beira do mar... Temos que transformá-lo em cinzas para que as lembranças dos nossos invasores desapareçam junto com ele...

Oh, deus, por que essa maldição suprema... Por que eu devo assistir ao meu povo possuído pela loucura?

(Hécuba interpela os deuses.)

Você, Zeus, deus supremo, você não é sanguinário, pelo contrário, você ama as mulheres belas e, frequentemente, se apaixona por elas... Por que você quer que essas belas moças de minha cidade sejam violadas e maculadas por essa tropa frustrada, depois de dez anos de guerra?

E você, Hera, deusa dos casamentos legítimos, você mesma é mãe de três filhos e três filhas, por que você odeia os filhos e as filhas da minha cidade, por que você quer a morte e a desonra deles?

E você, Afrodite, deusa da beleza... Por que você quer que a cidade mais bela do mundo seja incendiada e destruída? Por que você quer que nossos palácios maravilhosos e nossas magníficas praças sejam transformadas em cinzas e varridas da face da terra?

E você, Apolo, deus das artes e da música... Por que agora você prefere escutar, no lugar de cantos e poemas, os gritos bárbaros dos invasores e o pranto das viúvas e dos escravos?

Vocês também ficaram loucos?

Ó, pobre de mim, eu sou a única que tem esse mau presságio, que os deuses do mundo foram, eles também, possuídos pela loucura, como os humanos?

(*Os deuses-espectadores estão, visivelmente, cada vez mais perturbados com as interpelações de Hécuba.*)

ZEUS: Essa mulher está completamente histérica! Ela está atrapalhando o espetáculo! Faz dez anos que nós assistimos a esse espetáculo, não podem nos privar de seu desfecho. Hera, faça alguma coisa, é você a protetora das mulheres e das mães!

HERA: Mas o que você quer que eu faça? De qualquer forma, os gritos dela não são ouvidos por ninguém...

ZEUS: Sim, mas ela vai terminar despertando alguma dúvida... É preciso que ela se cale... Arranque-lhe a voz por essa noite!

(*Hera retira sua máscara enorme, desce da sua alta cadeira, como se fosse uma mortal, e oferece a Hécuba uma ânfora de água.*)

HERA: Tome, Hécuba, você está cansada, trêmula... E sua voz já está ficando rouca... Beba um pouco de hidromel para repor suas forças...

(*Sedenta, Hécuba esvazia o pote. Hera retorna para sua cadeira e recoloca sua máscara. Quando Hécuba tenta falar novamente, nenhum som sai de sua boca.*

Durante toda a cena seguinte, Hécuba vai continuar a "falar", a "gritar", a se dirigir ao seu povo e até mesmo aos espectadores, mas a sua fala é "muda", sua boca se abre e "grita" sem voz.)

ZEUS: Vamos, que o espetáculo continue...

(*Enquanto os deuses saboreiam a cena da destruição de Troia, o rosto de Hécuba se transformará de algum modo na "tela" sobre a qual serão projetadas as cenas de horror.*

Hécuba permanece prostrada, com o cavalo de madeira nas mãos. Através do jogo de luzes, o cavalo projeta uma sombra gigantesca sobre o fundo da cena [o encenador pode prever uma tela instalada no fundo]. Hécuba tenta quebrar esse objeto curioso, metade raiz, metade cavalo, como se ela quisesse destruir um feitiço.

No entanto, os membros do coro trazem um grande cavalo de madeira e o empurram até o centro do círculo, onde estão dispostos os dezenove montes de cinzas.

Todos os membros do coro começam a dançar ao redor do cavalo de madeira. A cena deve evocar as festas dionisíacas. As personagens dançam até a exaustão, até desmoronarem de cansaço. É preciso criar a imagem dos troianos que adormeceram bêbados e cansados depois de terem festejado a partida dos gregos.

Momento de silêncio.

Bruscamente, a cabeça de uma personagem surge por uma abertura secreta situada na barriga do cavalo. A personagem se parece com um anão e olha com cuidado ao seu redor: é Ulisses.

Os deuses aplaudem. Ulisses salta no chão, faz uma reverência diante dos deuses, lança um olhar de suspeita ao seu redor. Ele se aproxima do "rabo" do cavalo e o manipula como se estivesse acionando uma alavanca.

Com um ruído violento, uma pilha de espadas e facas cai da barriga do cavalo.

Os deuses aplaudem, enquanto Hécuba irrompe em gritos mudos e luta ainda mais desesperadamente para destruir o objeto metade cavalo, metade raiz que ela carrega entre os dedos.

Ulisses apanha uma espada e a crava com violência no chão.

Reação animada dos deuses. Grito mudo de Hécuba, expressão de horror no seu rosto.

Ulisses continua da mesma forma. É o verdadeiro espetáculo da destruição de Troia. Cada vez que Ulisses afunda uma espada no chão, os deuses se agitam, fazem comentários, aplaudem, gritam, etc.

Hécuba continua a expressar, sem voz, sua dor e seu desespero.)

O velho cego vagueia por entre os corpos que jazem sobre a cena. É a imagem de um sobrevivente sobre um campo de batalha. Seu passo é hesitante; aqui e ali, ele tropeça num corpo, passa por cima dele, e continua seguindo na direção do proscênio.

O VELHO CEGO: Vejam como o silêncio pesa sobre Troia...

Nesse momento todos estão cansados, vencedores e vencidos, vivos e mortos, senhores e escravos, guerreiros e povo, deuses e humanos.

Durante três dias e três noites, os guerreiros gregos mataram e saquearam a cidade de Troia.

Mas, nesse momento, eles estão exaustos, incapazes de esboçar o menor movimento... Eles estão cansados, esgotados... Eles descansam em silêncio.

Nesse momento, os guerreiros gregos não matam mais, não violam mais, não roubam mais. Eles estão muito cansados, eles caem de esgotamento... Não bebem mais, não dançam mais, não festejam mais... Eles estão extenuados, sem forças, agora, eles dormem.

Nesse momento, na cidade de Troia, até os mortos estão cansados. É por causa do cansaço, e não porque eles estão mortos, que eles não podem mais gritar, que não podem mais implorar clemência. Eles se calam, então, se encolhem sobre suas feridas mortais e repousam com a morte.

Nesse momento, na cidade de Troia, até os que escaparam do massacre repousam. Alguns velhos, velhas, algumas crianças. Eles escaparam da carnificina, somente porque os vencedores estavam muitos cansados para continuar a matar. Os braços dos vencedores não podiam mais levantar uma espada, não podiam mais cortar nenhuma garganta... Muito cansaço, muito desgaste... Assim, alguns troianos escaparam da morte.

Nesse momento, no céu, até os deuses repousam. O espetáculo do extermínio de Troia foi longo, muito longo... Dez anos de espetáculo é muito tempo, até mesmo para os deuses imortais.

Nesse momento, na cidade de Troia, só a rainha Hécuba não dorme.

Ela não pode dormir: ela não pode fechar os olhos, pois seu rosto se transformou em pedra.

(*Das mãos petrificadas de Hécuba, o velho cego recupera seu "brinquedo", o cavalo-raiz, e vai embora.*)

Noite iluminada pela lua cheia.
A jovem surge atrás do velho cego.

A JOVEM: Ei, velho sábio... Pare... Aonde você vai desse jeito? Tome cuidado, tem um precipício à sua frente... O que você está fazendo aí? A falésia é alta e, lá embaixo, está cheio de rochedos, é como se o mar tivesse cuspido seus dentes pontiagudos sobre a praia. Se você der mais um passo, você cai.

O VELHO CEGO: Eu queria sentir o cheiro do mar...

A JOVEM: Essa colina é íngreme, cheia de buracos e pedras grandes... Mas vejo que você conhece bem as trilhas... Como você faz para encontrar o seu caminho, se você é cego?

O VELHO CEGO: Venha aqui, menina... Conte para mim o que acontece com você, toda vez que a lua fica cheia.

A JOVEM: É que... eu escuto uns gritos terríveis... uivos humanos... E isso dura a noite inteira, até o amanhecer. Eu ouço gritos, como se pessoas desesperadas estivessem ao meu lado... E vejo sombras, também... E eu não consigo me esconder em lugar nenhum... Mesmo que eu cubra minhas orelhas, continuo escutando os gritos e os prantos... E todas me perguntam sobre seu caminho, como se eu fosse uma vidente. Algumas vezes, eu corro, eu tento me perder na floresta ou através dos campos... Mas seus gritos e preces me perseguem... Eu não sei o que elas querem de mim, essas sombras... Por que devo ouvi-las, eu, e mais ninguém...

O VELHO CEGO: E são sempre os mesmos gritos?

A JOVEM: Não sei... Sim, eu reconheço alguns, são os mesmos desde que sou pequena... Mas tem aqueles que eu escuto pela primeira vez... De qualquer jeito, são muitos... Milhares de bocas gritam dentro de mim... Milhares e milhares de pessoas desesperadas, é como se fossem obrigadas a ficar caladas durante o mês inteiro, e depois, uma vez por mês, na lua cheia, começam a gritar dentro de mim...

O VELHO CEGO: Bem... Agora me fale sobre o mar, menina. Me empreste seus olhos por um minuto.

A JOVEM: Eu empresto...

O VELHO CEGO: Ele não está longe, não é?

A JOVEM: Não, ele está bem à nossa frente, embaixo...

O VELHO CEGO: É estranho, como o vento parou de repente... Nesse instante, o mar estava furioso, eu podia escutar as ondas quebrando na praia. Mas agora ele está calmo, não é?

A JOVEM: Sim, é de um azul escuro magnífico e completamente calmo.

O VELHO CEGO: E o céu está perfeitamente iluminado pela lua, não é?

A JOVEM: No céu brilham milhares de estrelas que se refletem no mar. Além disso, não dá nem para ver o horizonte, é como se o mar e o céu se tocassem... É como se o mar e o céu fossem um só...

O VELHO CEGO: E toda a névoa e todas as nuvens se dissiparam, não é?

A JOVEM: Sim, é como se todo o universo estivesse à espera.

O VELHO CEGO: Você vê estrelas cadentes também?

A JOVEM: Sim, de tempos em tempos algumas estrelas atravessam o céu e caem no mar...

O VELHO CEGO: E as pedras, lá embaixo, não estão mais tão ameaçadoras como de costume...

A JOVEM: Não, é como se elas estivessem cobertas por um musgo verde, macias como almofadas...

O VELHO CEGO: E a areia, como está a areia?

A JOVEM: A areia também cintila à luz da lua... É como se milhões de vagalumes tivessem marcado um encontro à beira do mar.

O VELHO CEGO: Que cheiro bom... Agora há pouco, o vento trazia um odor acre de cinzas e fumaça, mas agora eu sinto o aroma de cipreste e citronela...

A JOVEM: Sim, a noite está maravilhosamente perfumada. A terra, o mar e o céu enviam suas melhores fragrâncias, que se mesclam no ar...

O VELHO CEGO: Você escuta também a música das esferas celestes? Todas essas estrelas que se movem ao mesmo tempo, todos esses olhos da noite que brilham e nos trazem lembranças distantes, tudo isso cria uma espécie de ronronar, uma espécie de tilintar, como se gotas de água imensas caíssem sobre uma superfície congelada...

A JOVEM: Você fala tão bem sobre aquilo que você não enxerga... Você deve ser um desses bardos errantes que passam de uma ilha a outra, recitando as peripécias dos deuses e dos homens... Sim, eu escuto essa música de que você fala...

O VELHO CEGO: Sim, é uma das noites mais bonitas desde a criação do mundo... É poesia pura... É isso que os poetas deveriam cantar... Você sente como sua alma vibra ao abraçar toda essa beleza?

A JOVEM: Sim, meu coração está completamente preenchido pela beleza desta noite.

O VELHO CEGO: E, lá embaixo, quase aos nossos pés, lá onde o mar toca suavemente a areia cintilante... O que você vê lá?

A JOVEM: Eu vejo um cadáver.

O VELHO CEGO: É um afogado rejeitado pelo mar?

A JOVEM: Não, é um menino a quem cortaram a garganta.

O VELHO CEGO: Você vê sua ferida? Ela é profunda?

A JOVEM: Sim, e seu sangue não para de jorrar como se fosse uma pequena fonte.

O VELHO CEGO: Esse menino também lhe pergunta o caminho dele?

A JOVEM: Sim, ele quer voltar para casa, para Troia.

Entra o coro. Seus membros murmuram uma espécie de encantamento. A princípio não se entendem as palavras pronunciadas em voz baixa. Mas a frase é repetida num volume cada vez mais alto. Finalmente entende-se que o coro invoca a expressão "*Deus ex machina*".

O CORO: *Deus ex machina... Deus ex machina... Deus ex machina... Deus ex machina...*

(*Os membros do coro caminham em fila indiana e executam um movimento circular. Seus gestos se tornam cada vez mais agitados, até mesmo desordenados.*)

O CORO: *Deus ex machina... Deus ex machina... Deus ex machina... Deus ex machina...*

(*O ritmo da rotação se acelera, os membros do coro são tomados por um frenesi que não para de aumentar.*)

O CORO: *Deus ex machina... Deus ex machina... Deus ex machina... Deus ex machina...*

(*O coro para de dar voltas, em completo estado de êxtase. É como se a expressão "deus ex machina" tivesse se transformado numa prece. Os rostos dos membros do coro estão cada vez mais marcados pela revelação.*)

O CORO: *Deus ex machina... Deus ex machina... Deus ex machina... Deus ex machina...*

(*A cena pode ser concluída com uma verdadeira* gospel song, *um canto religioso interpretado com uma energia primitiva, transbordante, de maneira polifônica.*

Zeus entra, seguido pelos outros deuses.)

ZEUS: Silêncio! (*O coro para o canto.*) Então, Apolo, o que veremos esta noite?

APOLO: Esta noite... esta noite... esta noite vamos assistir...

HEFESTO: Tudo, menos à destruição da maravilhosa cidade de Troia... Essa, eu não aguento mais.

POSEIDON: Eu prefiro a história de Ulisses, que volta para sua casa... É ótima a história de Ulisses voltando para casa, vocês vão ver, é um pouco longa, pois ele demora vinte anos. Mas, meu Deus, como é bela, no caminho ele perde todos os seus companheiros, todos os seus barcos, todos os seus tesouros... e, quando ele chega, esfarrapado, na sua ilha, em Ítaca, apenas seu cachorro o reconhece... Meus olhos se enchem de lágrimas quando...

AFRODITE: Pare, é muito longa, eu prefiro a história de Agamenon... Eu gosto quando ele volta para Micenas e é assassinado, no banho, pela esposa, com a ajuda do amante dela, Egisto...

HERMES: Ah, não, algo novo!

HERA: E por que não continuar com a história de Hécuba, depois da destruição de Troia? Eu adoro essa imagem de Hécuba, quando ela vagueia como uma louca por entre os túmulos de seus filhos, e Ulisses chega e faz dela sua escrava...

HERMES: Escutem, chega de Hécuba, não aguento mais Hécuba, a gente já assistiu na semana passada, ela acabou de perder todos os filhos, chega...

HERA: Não...

HERMES: Hera, você é doente ou o quê? A história de Hécuba acabou.

HERA (*para Zeus*)**:** Você está vendo como ele fala comigo, esse anão? E você não diz nada?

ZEUS: A história de Hécuba não acabou.

HERA: Está vendo... (*Docemente, para Zeus.*) Obrigada, meu amor!

AFRODITE: Vocês são sádicos, todos os dois... Vocês já fizeram essa mulher sofrer o suficiente. Ela já perdeu dezenove filhos, o que vocês ainda querem dela? Demais é demais. Até para um bando de deuses sanguinários como nós...

ZEUS: Não, a gente ainda pode fazê-la sofrer... (*Ele se vira para Apolo e sussurra alguma coisa em seu ouvido.*) Vocês vão ver... Que o espetáculo comece! Vamos, Apolo, nós seguimos com Hécuba.

No meio da cena, Hécuba, vestida de preto em sinal de luto. Seu vestido está sujo e completamente em trapos, seus cabelos estão desgrenhados, conforme os costumes de luto dos gregos antigos.

O coro entra. Alguns de seus membros trazem sobre os ombros o corpo de um menino de mais ou menos quatorze anos. O menino tem a garganta cortada.

Enquanto a procissão avança, o menino agita os braços e se contorce de dor, como se ainda não estivesse morto.

O CORO: Hécuba, rainha de Troia, você nos escondeu um filho...

HÉCUBA: Sim, eu escondi um filho...

O CORO: Hécuba, rainha de Troia feita escrava, você teve vinte filhos com o rei Príamo...

MEMBRO DO CORO 1: Dezenove morreram na guerra...

MEMBRO DO CORO 2: Mas o último, o mais novo, você tentou esconder...

HÉCUBA: Sim, eu quis poupá-lo, meu último filho, meu caçula, eu quis que ele se salvasse...

O CORO: Hécuba, você nos enganou...

Hécuba, você enganou também os deuses...

Hécuba, você teve vinte filhos com o rei Príamo e o último você enviou, em segredo, para longe de Troia...

HÉCUBA: Sim, meu caçula, meu querido Polidoro, eu o mandei para a casa de Polimestor, o rei de Trácia. As muralhas de Troia ainda estavam de pé quando eu enviei Polidoro para que ele crescesse em segredo, longe da batalha brutal em torno da minha cidade...

MEMBRO DO CORO 3: Hécuba, Hécuba, desgraça sobre você... Você tentou nos esconder seu último filho... Os deuses estão furiosos...

HÉCUBA: Ele era muito jovem para lutar. Seus braços não conseguiam levantar nem um escudo, nem uma espada... E eu não queria que ele assistisse à queda de seus irmãos, um depois do outro, diante das muralhas de Troia... Eu não queria que ele visse o sangue, que ele ouvisse os gritos dos guerreiros feridos e os uivos dos gregos que nos encurralavam... Eu quis que ele se salvasse e que pudesse, ao menos ele, o último a sair da minha carne, viver em paz...

MEMBRO DO CORO 4: Mas você sabe que os deuses não gostam de tragédias imperfeitas...

HÉCUBA: Não, eu não sabia...

O CORO: Sim, os deuses não gostam de tragédias imperfeitas...

MEMBRO DO CORO 5: Mas você sabe que os deuses não gostam de meias medidas...

HÉCUBA: Não, eu não sabia...

O CORO: Sim, os deuses não gostam de meias medidas...

MEMBRO DO CORO 6: Hécuba, você deve ser compreensiva, aceite a sua desgraça a fundo, não tente evitar o desespero completo, não desperdice o espetáculo dos deuses, não manche a sua reputação de mãe mais desgraçada do mundo...

MEMBRO DO CORO 1: Vamos, Hécuba, nós lhe trouxemos seu querido Polidoro, os deuses querem vê-la chorar...

MEMBRO DO CORO 2: Aqui está seu querido filho Polidoro, a garganta cortada por uma espada...

MEMBRO DO CORO 3: Assim que soube da queda de Troia, o rei de Trácia, o sábio Polimestor, matou seu filho para agradar aos vencedores...

O CORO: Vamos, chore Hécuba, por que você não chora mais?

HÉCUBA: Estranho, ao invés de chorar, eu estou com vontade de rir...

MEMBRO DO CORO 4: Vamos, chore, arranque os cabelos, rasgue seu vestido, arranhe seu rosto...

O CORO: Vamos, Hécuba, os deuses querem vê-la chorar, dê a eles esse prazer...

MEMBRO DO CORO 5: Tome, nós colocamos a seus pés o cadáver do seu último filho...

MEMBRO DO CORO 6: Lave sua ferida mortal e chore...

HÉCUBA: Sim, eu até gostaria, mas... Eu não sei por que meus olhos estão secos... Por favor, diga aos deuses que não tenho mais lágrimas... Meus olhos secaram, meu coração secou... Minha alma também está seca... Não tenho mais lágrimas em mim... Minha dor se transformou em mármore... Minha dor é como um jato de lava que se petrificou... Além disso, eu não sei por que, mas estou com vontade de rir... (*Ela começa a rir delicadamente.*) Ha, ha, ha! Se é *esse* o espetáculo de que os deuses gostam, isso de fato me faz rir...

MEMBRO DO CORO 1: Hécuba, você ficou louca? Você não pode rir da sua própria tragédia... Você não pode rir das suas desgraças sem fim... Você é a mãe mais desgraçada que o espetáculo dos humanos já criou, você não pode rir disso...

HÉCUBA: Sim, sim... Aquilo que os deuses apreciam em nós, os humanos, realmente me faz rir... (*Ela ri cada vez mais alto.*) Ha, ha, ha! Ó, eu acho tão engraçado, tão infantil, tão grotesco... Que eles possam se divertir com nossas desgraças... Que eles possam se nutrir dos nossos sofrimentos... Ó, como eles são bestas... Ó, como eles são estúpidos... Ha, ha, ha!

O CORO: Sacrilégio! A mãe mais infeliz do mundo está rindo ao invés de chorar!

MEMBRO DO CORO 1: Cale-se, Hécuba, você pode irritar ainda mais os deuses...

HÉCUBA: Ha, ha, ha! Eu, irritá-los? Por nada neste mundo... Ei, Zeus! Rei dos deuses e senhor do universo... Ei, Hera! Rainha dos deuses e protetora dos lares... Vocês estão aí, se divertindo com minhas desgraças? Isso agrada a vocês, o espetáculo do meu coração partido?

Vocês me aplaudem pela precisão com que eu sofro? Acontece também de vocês gargalharem, assistindo à pequenez dos homens, sua crueldade e suas traições? Agora é minha vez de rir... Ha, ha, ha! Ha, ha, ha! Eu também vejo vocês... Zeus, Hera, Apolo, Afrodite, Hermes, Poseidon, Artêmis, Hefesto, Atenas, Hades... Vocês estão todos aí, deuses e deusas, titãs e titânides, imortais entediados até a morte, vocês estão todos aí, saboreando o espetáculo das desgraças do mundo... Eu vejo vocês, e o espetáculo do tédio de vocês me faz morrer de rir... Ha, ha, ha! Ha, ha, ha!

(*Hécuba continua a rir, mas seus acessos de riso se transformam, aos poucos, em outra coisa...*)

Escuro. Luz somente sobre Polidoro, que se levanta e abraça sua mãe.

POLIDORO: Mãe! Eu quero voltar para casa.

HÉCUBA: Sim, meu querido Polidoro... Sim, nós vamos voltar, os dois, para casa...

POLIDORO: Eu estou com frio, o mar estava frio hoje... Eu até me banhei, mas saí congelado...

HÉCUBA: Venha, meu filho querido, eu vou aquecer você...

(*Com seu vestido, Hécuba começa a secar seu filho caçula.*)

POLIDORO: Estou com a boca cheia de areia... Eu devo ter engolido água salgada... O mar estava terrivelmente agitado hoje... cheio de sal e areia... Eu ainda devo ter sal nos lábios... E devo também ter mordido minha língua... Eu não sei por que, mas eu sinto o gosto do meu próprio sangue na boca...

HÉCUBA: Diga, meu filho, ele o tratou bem, o rei Polimestor?

POLIDORO: Sim, ele foi como um verdadeiro pai para mim. Todos esses anos que passei no palácio dele foram maravilhosos... Nada me fez falta, eu aprendi a ler e escrever, a montar a cavalo e a caçar javalis, aprendi também a arte da dança e do canto... Você quer que eu lhe cante uma velha canção do país de Trácia?

HÉCUBA: Não, Polidoro, mais tarde, você ainda está com a boca cheia de grãos de areia e sal... Você vai cantar para mim mais tarde...

POLIDORO: Sim, eu gostei muito da vida na corte do meu tio Polimestor... Ele foi gentil e atencioso, e além de tudo é um ótimo contador de histórias, ele sabe, de cor, milhares de versos e histórias cômicas... Nós rimos bastante durante todos esses anos...

HÉCUBA: E hoje? O que aconteceu hoje, Polidoro?

POLIDORO: Hoje, nós fomos caminhar na praia... Só nós dois, ele queria que assistíssemos juntos ao pôr do sol... E eu lhe juro, mamãe, eu vi o espetáculo mais lindo do mundo... Nós estávamos em cima de uma pedra muito, muito grande, que se precipitava sobre o mar... E o mar estava tranquilo, liso e suave, como um espelho... Não havia nenhuma nuvem no céu, nenhuma brisa... O ar estava inundado pelo perfume das mimosas e a luz do pôr do sol tinha algo de milagroso, como se os próprios deuses tivessem, com seus pincéis, pintado esse fim de tarde... O disco do sol, cada vez mais vermelho, descia, cada vez mais rápido, na direção da linha do horizonte e, de repente, eu o vi tocar o mar...

HÉCUBA: E seu protetor, seu querido tio Polimestor, o marido de minha irmã e amigo fiel de Troia, ele lhe dizia o quê?

POLIDORO: Coisa estranha... Ele tinha lágrimas nos olhos... Aliás, eu também estava emocionado com o magnífico espetáculo do pôr do sol... Mas ele estava ainda mais inquieto do que eu, e sua mão sobre meu ombro tremia ligeiramente... E foi nesse momento que ele me disse... "Me perdoe, meu menino, é a tradição."

HÉCUBA: E então?

POLIDORO: E, então, ele me tomou nos braços, me beijou as duas bochechas e me apertou contra o peito.

HÉCUBA: E então?

POLIDORO: E, então, eu acho que ele cortou minha garganta...

HÉCUBA: E então?

POLIDORO: E, então, eu acredito que ele me atirou no vazio, do alto do rochedo, direto no mar...

HÉCUBA: E então?

POLIDORO: E, então... nada... Mas tinha uma menina que estava lá, ou talvez estivesse passando por lá, e perguntei a ela o meu caminho... pois eu queria voltar para Troia... Você, talvez, conheça essa menina... Ela me pegou pela mão e me tirou das águas do mar que, de repente, ficaram vermelhas e agitadas... E essa menina, será que vamos revê-la?

HÉCUBA: Sim, vamos revê-la... Mas agora você precisa descansar... Durma um pouco, eu vou acomodá-lo nos meus braços e velar seu sono... Feche os olhos e tente dormir...

(Hécuba fecha as pálpebras de seu filho.

O rei Polimestor entra em cena.)

POLIMESTOR: Eu amei esse menino...

HÉCUBA: Sim, eu sei...

POLIMESTOR: Ele tinha uma alma de poeta...

HÉCUBA: Sim, eu sei...

POLIMESTOR: Ele era terno, sonhador, gentil...

HÉCUBA: Sim, eu sei...

POLIMESTOR: E belo como um deus...

HÉCUBA: Sim, eu sei...

POLIMESTOR: Me partiu o coração ter que matá-lo...

HÉCUBA: Sim, eu sei...

POLIMESTOR: E você sabe que eu não tive escolha...

HÉCUBA: Sim, eu sei...

POLIMESTOR: Os gregos não me perdoariam... Não fui eu quem inventou esse costume...

HÉCUBA: Sim, eu sei... Tradição é tradição...

POLIMESTOR: Um filho de rei derrotado e morto também não tem direito à vida... Se os gregos descobrissem que eu escondia o último filho do rei de Troia, meu país teria tido o mesmo destino de sua cidade... Foi para salvar meu povo que matei seu filho...

HÉCUBA: Sim, eu sei... É a tradição...

POLIMESTOR: Nós somos todos assim... Cruéis e impiedosos, às vezes... Sanguinários e ávidos por vingança... Mas, agora, estamos em paz... Sua cidade foi destruída, todos os filhos do rei Príamo estão mortos... Não haverá mais vingança possível... As pessoas viverão em paz.

HÉCUBA: Sim, sim, a paz eterna...

POLIMESTOR: Você tem que entender, Hécuba, matar seu filho partiu meu coração. Eu chorava, enquanto cortava a garganta dele...

HÉCUBA: Mas sua mão não tremeu...

POLIMESTOR: Não, porque eu não queria que ele sofresse... Foi por isso que quis matá-lo eu mesmo... Quando é um rei que mata um filho de rei, isso honra a sua morte...

HÉCUBA: Sim, Polimestor, eu lhe devo minha gratidão. Agora meu querido Polidoro está morto, ele não será mais obrigado a viver atormentado pelo dever da vingança... Ele não será mais obrigado a odiar os gregos, os vencedores de seu pai... Você o poupou da necessidade de se esconder, de mendigar ajuda, de procurar a vida inteira pelos assassinos de seu pai, de ter que armar barcos e navegar, de uma ilha a outra, para degolar ele mesmo, um após o outro, com suas próprias mãos, aqueles que degolaram seu pai... Sim, você o poupou de uma vida de combates e espera, uma vida de dúvida e de medo de acabar desonrado... Sim, rei de Trácia, eu entendo... E eu sou infinitamente grata... Você obedeceu às leis das nossas cidades, das nossas tribos, dos nossos tempos... Ah, malditas sejam as leis que pedem a uma mãe que seja grata ao assassino de seu filho...

POLIMESTOR: Hécuba, não blasfeme... Não provoque a ira dos deuses... Pense que todos os seus filhos morreram como heróis... Pense que seu esposo Príamo teve uma morte gloriosa, defendendo a própria cidade... Pense que sua cidade, a cidade de Troia, que os gregos destruíram, foi a cidade mais bela e mais rica do mundo, a mais radiante e a mais nobre... No fim das contas, a vida lhe deu muito, Hécuba...

HÉCUBA: Sim, a vida me deu muito e me tomou muito...

POLIMESTOR: E eu, eu vou lhe devolver, agora, todas as riquezas e todos os tesouros que você me ofereceu, para que eu escondesse seu filho mais novo...

(*Entra o coro. Cada um de seus membros traz consigo uma bandeja cheia de objetos de ouro: moedas, joias, lingotes, etc.*)

POLIMESTOR: Você e seu esposo, o rei Príamo, há quase dez anos, me enviaram Polidoro junto com um terço do tesouro de Troia... Mas, agora que Polidoro está morto, eu lhe devolvo essa riqueza...

(*Os membros do coro despejam em torno de Hécuba montes e montes de objetos de ouro e pedras preciosas, vasos e roupas suntuosas, etc. Pouco a pouco, Hécuba e seu filho são cobertos, quase afogados, por uma montanha de ouro e prata.*)

POLIMESTOR: Aí está, Hécuba... Eu lhe devolvo tudo... Você continua a ser a mulher mais rica do mundo...

HÉCUBA: Sim, eu sou a mulher mais rica do mundo... (*Chorando sobre o corpo de seu filho.*) Eu sou a mulher mais rica do mundo... (*Uivando de dor.*) Todo esse ouro é meu, toda essa prata é minha, todos esses tesouros são meus... Eu posso enterrar cada um dos meus filhos nesse ouro... Eu sou a mãe mais rica do mundo... Eu posso fazer mortalhas de ouro para meus vinte filhos... Eu posso ofertar-lhes tumbas de ouro... Ou melhor, eu posso guardar as cinzas deles em urnas de ouro... E, depois, até suas cinzas eu poderei misturar com pedras e pepitas de ouro (*Ela mergulha as mãos num maravilhoso vaso pintado com cenas de guerra, e tira um punhado de pó de ouro.*) E minha roupa de luto... será também de ouro. (*Ela joga para o alto o punhado de pó dourado.*) E até minhas lágrimas serão todas de ouro...

12

Lua cheia. O pastor e o velho cego.

O PASTOR (*procurando sua filha*): Ernada... Ernada, onde está você?... Ei... Ernada, responda... Ei, Ernada... (*Para ele mesmo.*) Que coisa... Ela saiu de novo e ainda levou a ovelha...

O VELHO CEGO: Agora há pouco, ela estava na beira da falésia... Ela falava com o mar... Quer dizer, com os fantasmas que saíam do mar.

O PASTOR: Agora você entende, meu velho, o calvário da minha vida... Por que os deuses não quiseram me dar um menino? Eu queria ter filhos homens, para que eles me ajudassem a cuidar do rebanho... Mas minha mulher só pariu uma única vez, e foi uma menina...

O VELHO CEGO: Você, ainda assim, deveria agradecer aos deuses. Pois são eles que falam com ela em seus sonhos...

O PASTOR: Como você sabe? Ela lhe contou seus sonhos? Você pode enxergar através das trevas? Você também é vidente ou profeta?

O VELHO CEGO: Eu não sei quem sou, mas eu sei o que você deve fazer... Sua filha não está doente; ela, simplesmente, tem um dom raro, ela sabe indicar tanto aos vivos quanto aos mortos os seus caminhos. Você deve confiá-la ao Oráculo de Delfos, a Grande Pítia....

O PASTOR: Desde pequena ela faz isso... Nas noites de lua cheia, ela se levanta bruscamente e sai caminhando sem destino. E eu nem sei se o espírito dela está adormecido ou se ela está acordada... Muitas vezes, ela passa mais tempo com os ciprestes, plátanos e carvalhos do que comigo e com os carneiros... Ela diz que os deuses falam com ela, através do chiado das folhas... Assim, ela escuta, atentamente, as árvores, a relva e o vento. Eu não sei o que as árvores, a relva e o vento contam para ela, mas são histórias longas, com certeza... Até as pedras e as nuvens têm coisas para dizer a ela. Muitas vezes, ela fica colada nas rochas ou observando o céu feito besta. E é claro que ela é capaz de escutar, durante dias, as ondas do mar... Você acredita, velho sábio, que os deuses têm tanta coisa assim para dizer a ela?

O VELHO CEGO: Sim, eu acho que sua filha é uma porta através da qual as forças da terra e do céu tentam nos alcançar.

O PASTOR: Ela só anda descalça, ela só dorme no chão... E, algumas vezes, ela fica suja durante dias e dias, pois, segundo ela, isso a ajuda a entender melhor a voz das Moiras... Veja só! As Moiras, de quem até os deuses têm medo, pelo que me disseram, querem conversar com a filha de um pobre pastor? As Moiras não são ainda mais fortes que os deuses? Foram elas que começaram a tecer a trama do mundo, muito antes do nascimento dos deuses... É isso que eu não entendo... Por que forças assim tão obscuras e tão poderosas querem nos dizer as coisas, através da minha filha, não dá pra entender...

(*Escuta-se o balido da ovelha. A jovem chega com o animal, que carrega na cabeça uma coroa de ouro com cinco ramos. A coroa é ornada com fitas coloridas e, em cada ramo, está incrustada uma fruta – três laranjas e duas maçãs. Todo o velo da ovelha esta coberto por um pó dourado.*)

A JOVEM: Veja, pai, agora ela está pronta...

O PASTOR: Ernada! Mas... Mas o que é que você fez? Mas... De onde saiu essa coroa? Quem lhe deu? Mas...

(*O velho cego se levanta, caminha tateando o chão, estica a mão e começa a tocar a ovelha, a coroa, as frutas e as fitas.*)

O VELHO CEGO: Sim, ela está pronta...

O PASTOR: Eu não entendo nada que vocês dois dizem... Isso é de ouro?

O VELHO CEGO: Será necessário, estrangeiro, que você construa um altar. O antigo foi destruído pelos raios... Pelos raios do céu ou pela cólera de uma mãe louca de dor... pouco importa... Recolha todas essas pedras espalhadas e construa um altar digno da sua ovelha real. E, logo antes do nascer do sol, sacrifique esse belo animal, em nome de Apolo, o deus dos oráculos... Mas atenção, Apolo é um deus lunar, nenhum raio de sol poderá tocar essa ovelha antes que ela seja degolada...

O PASTOR: Sim, velho sábio, eu vou escutar você... Os costumes dos deuses me deixam confuso, às vezes... Mas eu vou fazer como você disse... Minha filha deve ter encontrado esta noite, enquanto vagava em torno desse santuário, um cortejo real... De outro jeito, não vejo quem poderia ter confiado a ela todo esse ouro...

A JOVEM: E, depois, terá uma festa de casamento...

O PASTOR: Uma festa de casamento? Aqui, nas ruínas desse templo?

A JOVEM: Sim, meu pai, e quando o cortejo chegar, eu devo mostrar a eles o caminho...

13

O deus Hermes entra correndo com uma lira nas mãos. De tempos em tempos, ele toca as cordas do instrumento.

HERMES: Eu tenho uma mensagem para Hécuba... Vocês viram Hécuba? Onde ela está, Hécuba? (*Ele se aproxima da jovem.*) Você viu Hécuba? Para onde ela foi? Eu vi você com Hécuba, agora há pouco... Você não sabe? Você tem o dom da adivinhação, não é? Então, se prepare para a disputa de jovens adivinhas, amanhã ao amanhecer haverá um concurso... Quem prevê melhor o futuro... (*Para o pastor.*) Talvez você tenha visto uma cadela raivosa, rondando em volta do templo. Não? Sim? Eu sou Hermes, o deus mensageiro, vocês não me reconhecem?... Você não viu Hécuba? Mas por que vocês não dizem nada? Eu tenho uma ótima novidade para Hécuba... Eu preciso encontrá-la... Onde ela está, Hécuba?... Ei, você, você que é cego, você com certeza deve ter visto Hécuba... Os cegos costumam ter um sexto sentido... Ela passou por aqui? Zeus me enviou para entregar uma mensagem para Hécuba... (*Ele desce do palco e passa por entre os espectadores.*) Onde está Hécuba? Você talvez a tenha visto... Eu sou Hermes, o deus mensageiro, o guardião do destino... Vocês viram Hécuba? (*Ele se dirige a um espectador.*) Ei, você, você viu Hécuba? Diga onde se esconde essa mulher... Eu tenho uma mensagem para ela, uma ótima novidade, ela ficará muito contente quando souber... Eu sou o mensageiro dos deuses, o guardião das estradas e encruzilhadas... Eu sou o deus dos viajantes e dos ladrões... Sim, os ladrões também têm um deus, sou eu quem os protege... E, ainda, sou eu que conduzo as almas para o além... Vamos nos cruzar de novo um dia, sim, com certeza, vamos nos rever... Quando vocês morrerem, sou eu que vou ajudar vocês a atravessar o rio Estige, o rio que separa o mundo terrestre do reino dos mortos... Olhem bem para mim, eu serei o pastor da alma de vocês, sou eu que vou guiar vocês para o julgamento final... Vocês escutam minha lira? (*Ele toca uma melodia.*) É com isso que eu vou acompanhá-los um dia para o mundo subterrâneo... A próxima vez que vocês escutarem minha lira, será para atravessar o Estige... Mas, agora, eu preciso de Hécuba... (*Ele começa a gritar.*) Hécuba, onde você está?... Héééééécuba... Sua filha vai se casar...

(*Hermes sai.*)

14

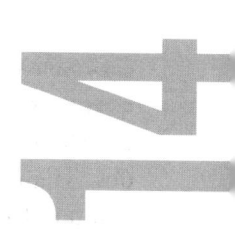

O coro entra murmurando a mesma frase um pouco misteriosa, "*Deus ex machina*".

O CORO: *Deus ex machina... Deus ex machina... Deus ex machina... Deus ex machina...* A tragédia agrada muito aos deuses... A tragédia de Hécuba deve continuar...

(*Os membros do coro trazem com eles as máscaras dos deuses.*)

ZEUS: Estranho... está um cheiro meio ruim aqui... Vocês não acham?

HERA: Sim, parece que alguma coisa está empesteando o ar do Olimpo...

ZEUS: Eu diria até que está fedendo um pouco... Hefesto, isso não é por causa dos seus trabalhos de ferreiro? Ou, talvez, estejamos respirando o enxofre de um vulcão que você acabou de acender...

HEFESTO: Não, eu não fiz nada... Isso deve vir de baixo, do mundo dos mortais...

(*Zeus ainda fareja um pouco em volta, mas logo em seguida abandona a busca pela fonte dos maus odores.*)

ZEUS: Bravo, Apolo! Seus espetáculos são magníficos, suas encenações são "grandiosas"!

(*Os outros deuses aplaudem. Apolo se inclina na frente dos deuses.*)

ZEUS: O que mais gosto das suas peças, Apolo, é que você imagina tragédias nas quais todo mundo sofre, mas ninguém é culpado. As personagens se matam umas às outras, ferozmente, mas todos são heróis. Na guerra de Troia, nós admiramos tanto os gregos quanto os troianos. Nos dois lados, todos são belos, dedicados, sinceros, corajosos... Não existem, nas suas tragédias, conflitos primitivos entre o bem e o mal. Não, nas suas peças é a bravura contra a bravura, a beleza contra a beleza, a pureza contra a pureza, o amor contra o amor... Bravo, Apolo...

(*Todos os deuses aplaudem.*)

ZEUS: E, depois, vejo que até os humanos começaram a gostar do seu teatro... Eles começam a entender que o sofrimento deles é o melhor presente que os deuses lhes ofereceram... Vocês viram como os poetas multiplicam, há um tempo, as odes e os epodos, os ditirambos e as lendas, as epopeias e os hinos... Todo mundo vive contando histórias heroicas, é realmente belo o mundo dos humanos...

(*Os deuses aplaudem.*)

HEFESTO: Mas espero que esta noite a gente deixe Hécuba em paz...

POSEIDON: Eu gostaria de rever a cena em que Ulisses fica preso com seus companheiros na gruta de um ciclope. Eu adoro quando o monstro "tritura", um após o outro, os homens de Ulisses...

AFRODITE: Pare, é asqueroso, eu estou farta de ciclopes sádicos, de sátiros lúbricos, minotauros sanguinários, ninfas ninfomaníacas e sereias pérfidas... Eu quero alguma coisa sã e verdadeira... Você não pode nos reapresentar, Apolo, o episódio do início, quando os gregos, encalhados com seus barcos na costa do Peloponeso, esperam ventos favoráveis que os levem a Troia? Eu adoro quando Agamenon, o chefe do exército grego, explica a sua filha, Ifigênia, que ela deve aceitar ser queimada viva... E tudo isso como um sacrifício, para que os deuses enviem ventos favoráveis e a frota possa se mover...

HERA: E por que não continuar a história de Hécuba, depois da morte de Polidoro?

APOLO: Ah, não! Não, não, não! Isso já é demais.

HERMES: Não, chega de Hécuba...

POSEIDON: Hera, você está exagerando... A história de Hécuba já acabou.

ZEUS: No entanto, não, não acabou... Fizemos essa mulher sofrer demais, agora ela merece uma recompensa...

HERA (*carinhosa, para Zeus*): Obrigada, meu senhor!

ZEUS: Ela merece uma bela festa... (*Ele se vira para Apolo e cochicha alguma coisa em seu ouvido.*) Vocês vão ver... Que o espetáculo continue! Vamos, Apolo... Preparemos Hécuba para a festa.

(*Os deuses se retiram, carregados pelos membros do coro.*)

15

A colina iluminada pela lua cheia. A jovem ajuda seu pai a reconstruir o altar com as pedras espalhadas em volta do templo.

Ao lado da fogueira, o velho cego está fazendo uma grinalda de flores de oliveira.

Polixena entra vestida de noiva, uma coroa nas mãos. Nem o pastor, nem o velho cego parecem enxergar essa personagem. Polixena dirige-se para a jovem.

POLIXENA: Você pode me ajudar a colocar minha coroa?

(*A jovem pega a coroa e a coloca sobre a cabeça de Polixena.*)

A JOVEM: Ela fica muito bem em você.

POLIXENA: Eu estou bonita?

A JOVEM: Sim, você está muito bonita...

POLIXENA: Você não tem um espelho, por acaso?

A JOVEM: Você não tem o direito, agora, de se olhar num espelho verdadeiro... Mas você pode se olhar nas águas do mar, se você quiser. O mar está bem calmo esta noite. Não tem ondas nem espuma... Ele está completamente liso, como um espelho...

POLIXENA: Eu vou me casar, você sabia...

A JOVEM: Sim, eu sei.

POLIXENA: Como você se chama?

A JOVEM: Eu me chamo Ernada.

POLIXENA: E eu me chamo Polixena.

A JOVEM: Eu sei.

POLIXENA: Você talvez seja profetisa? Vestal? Sibila? Você prevê o futuro?

A JOVEM: Eu sei apenas mostrar os caminhos às almas desgarradas.

POLIXENA: Como elas fazem para falar com você?

A JOVEM: Elas vêm me procurar na lua cheia.

POLIXENA: Mas eu não estou morta.

A JOVEM: Não, você não está morta.

POLIXENA: Mas, de todo modo, eu estou procurando uma tumba... Uma tumba sobre a qual eu possa colocar um escudo de ouro... Dizem que esse escudo foi forjado pelo próprio Hefesto... O céu, a terra e o mar foram gravados sobre ele... Você não o viu, por acaso?

A JOVEM: Não, eu não sei onde ele está. Mas você vai encontrar.

POLIXENA: Eu vou me casar, sabia...

A JOVEM: Sim, eu sei...

POLIXENA: Na minha casa, os escravos já prepararam um bocado de doces de gergelim... Dizem que os recém-casados devem comer juntos um doce de gergelim, para que tenham muitos filhos... Você acha que eu terei muitos filhos?

A JOVEM: Não, você não terá filhos.

POLIXENA: Eu tenho que fazer uma grinalda de flores de oliveira para o meu marido. Você pode me ajudar?

A JOVEM: Sim, vamos fazer juntas.

POLIXENA: Não me deixe sozinha, Ernada... Eu vejo que o altar para o sacrifício já está pronto... É aqui que meu sangue vai escorrer?

A JOVEM: Sim, esse altar é o seu quarto nupcial.

POLIXENA: E para Himeneu, o deus do casamento, o que eu devo levar?

A JOVEM: Ele ficará contente com alguns figos e azeitonas.

POLIXENA: Estão me procurando... Você está escutando as cítaras e o oboé? Meu noivo me espera, eu tenho que voltar...

A JOVEM: Você ama esse homem, para quem os deuses forjaram as armas?

POLIXENA: Sim, mais que a vida... (*Para o público.*) Vocês também procuram o caminho que leve até uma tumba? Que bom, vocês poderão vir ao meu casamento... Eu convido a todos, mortos e vivos... Hoje me caso com a morte...

(*A jovem pega a grinalda feita pelo velho cego e a dá a Polixena.*)

A JOVEM: Tome isto, para seu marido... E leve também minha ovelha... Assim que atravessar o Estige, entregue a ovelha a Hermes.

16

A cena permanece vazia durante algum tempo.
Escuta-se, ao longe, golpes bem fortes, talvez contra uma
grande porta de bronze. É como se alguém esmurrasse
a porta de uma cidade.

A VOZ DE HÉCUBA: Por quê? ... Por quê?

(*Uma série de golpes na porta de bronze, que ressoa fortemente.*)

A VOZ DE HÉCUBA: Por quê? ... Eu quero saber por quê... Ei! ... Por quê?

(*Nova série de golpes. Eco inquietante.*)

A VOZ DE HÉCUBA: Por quê?... Por quê?... Por quê?...

(*Hécuba entra em cena, as mãos ensanguentadas. Ela dá socos no ar e, a cada golpe dado no vazio, escutamos ressoar a porta de bronze.*)

A VOZ DE HÉCUBA: Por quê?... Por quê?... Por quê?...

(*Entra o coro. Seus membros avançam em fila indiana, executando um tipo de movimento ritualístico, com paradas bruscas a cada três, quatro ou cinco passos.*)

O CORO: Hécuba, alegre-se... Sua filha vai se casar...

(*O coro avança três passos e para. Momento de silêncio.*)

HÉCUBA (*sem voz*): Por quê?... Por quê?

O CORO: Hécuba, alegre-se, sua filha Polixena vai se casar...

(*Os membros do coro retomam o movimento arrastando os pés. Isso provoca um barulho incômodo aos ouvidos, como se o chão estivesse sendo raspado pelas solas das sandálias. Quatro passos, e os membros do coro param.*)

O CORO: Hécuba, alegre-se, estamos nos preparando para a festa... Sua filha Polixena vai se casar...

(*Cinco passos que raspam o chão, e o coro para.*)

O CORO: Hécuba, vista-se para a festa. Alegre-se, Hécuba, e agradeça aos deuses. Sua única filha vai se casar...

(*Outros seis passos que raspam o chão, e o coro para.*)

O CORO: Hécuba, tire suas roupas de luto e limpe as cinzas do seu cabelo... Sua filha Polixena, a única criança que lhe resta, vai se casar. Alegre-se, Hécuba, pois os deuses também se alegram... Sua filha Polixena, a esperança da sua velhice, a menina dos seus olhos, vai se casar...

HÉCUBA: E quem é o marido?

(*Outros sete passos que raspam o chão, e o coro para novamente.*)

O CORO: Alegre-se, Hécuba, o dia está lindo, o céu azul, as cerejeiras estão floridas. Uma leve brisa sopra do mar. A neve derreteu sobre o monte Olimpo e até os deuses estão se preparando para vir ao casamento de sua filha...

HÉCUBA: E quem é o marido?

(*Outros oito passos que raspam o chão, e o coro para.*)

O CORO: Olhe sua filha, é a beleza em pessoa...

HÉCUBA: E quem é o marido?

MEMBRO DO CORO 1: Fresca como a primavera...

HÉCUBA: E quem é o marido?

MEMBRO DO CORO 2: Doce como a luz do azul do céu...

HÉCUBA: E quem é o marido?

MEMBRO DO CORO 3: Alegre-se, Hécuba, todo o exército grego se prepara para a festa...

HÉCUBA: E quem é o marido?

MEMBRO DO CORO 4: O vinho vai jorrar...

MEMBRO DO CORO 5: Vamos assar cinco mil bois e cinco mil carneiros.

MEMBRO DO CORO 6: Os cantores e os malabaristas estão aqui...

HÉCUBA: E quem é o marido?

O CORO: O marido de sua filha é um guerreiro glorioso...

MEMBRO DO CORO 1: O marido de sua filha é o herói mais admirável da guerra de Troia.

MEMBRO DO CORO 2: O mais valente, o mais belo, o mais puro...

O CORO: Ele se chama Aquiles...

HÉCUBA: Mas Aquiles está morto...

(*O coro se retira.*)

O CORO: Ele se chama Aquiles... Ele se chama Aquiles...

HÉCUBA: Mas Aquiles está morto... Mas Aquiles está morto...

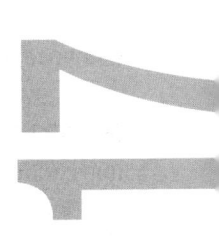

Ulisses entra seguido por três servas. Elas trazem roupas limpas para Hécuba, assim como água para lavá-la.

ULISSES: Hécuba, você tem que entender... É a tradição...

HÉCUBA: Ulisses, rei de Ítaca... não me diga que o marido de minha filha é Aquiles.

ULISSES: Hécuba, agora você é minha escrava, mas eu lhe trato como uma rainha. Você sabe que Aquiles se apaixonou loucamente por sua filha. Você lembra quando ele veio escondido, arriscando a vida, para o seu palácio, em Troia, para pedir a mão de sua filha, a você e ao rei Príamo. Você lembra disso tudo, rainha de Troia...

HÉCUBA: Ulisses, rei de Ítaca, o mais astuto dos guerreiros gregos, não me diga que o marido de minha filha é Aquiles, o belo Aquiles, o bravo Aquiles, que amou loucamente a minha filha, mas que agora está morto...

ULISSES: Hécuba, você não pode se opor aos deuses nem à tradição... Neste momento, a frota grega está pronta para partir. Os ventos estão favoráveis, sinal de que os deuses querem que todo esse banho de sangue termine... Nossos barcos vão zarpar amanhã de manhã... Mas não podemos partir daqui sem honrar, como se deve, Aquiles, o mais orgulhoso e corajoso entre nós, aquele que nos salvou mais de uma vez... Não se esqueça, foi Aquiles que impediu que vocês, troianos, aniquilassem nossas frotas e nos jogassem no mar... E foi ele também que matou, num combate leal, os guerreiros mais valorosos de Troia, entre eles, seus filhos Heitor e Troilus...

HÉCUBA: Ulisses, rei de Ítaca, o mais astuto e o mais pérfido dos guerreiros gregos, não me diga que, agora, para recompensar Aquiles por ter destruído minha cidade, eu tenho que oferecer a minha filha em sacrifício... Não me diga, Ulisses, que você vai degolar minha filha sobre a tumba de Aquiles, que você vai imolar minha filha aos pés da tumba de Aquiles, para que esse casamento se concretize... Não me diga que você vai matar minha filha única, minha bela Polixena, que tem apenas dezessete anos, para honrar aquele que matou mais guerreiros troianos do que qualquer outro guerreiro grego... Não me diga que os deuses precisam desse último sacrifício... Não me diga que seu exército vitorioso, para poder partir, ainda precisa massacrar mais uma alma pura, a alma de uma menina que nem participou dos combates.

(*As três servas começam a retirar a roupa em farrapos de Hécuba. Elas limpam seus cabelos, lavam seu rosto. O corpo frágil e exausto de Hécuba aparece por alguns segundos completamente nu, como um último grito de desespero.*

Hécuba está vestida como uma rainha.

Polixena entra em cena, vestida de noiva, a coroa de louros sobre a cabeça, a grinalda de flores de oliveira nas mãos. A grinalda é extremamente longa, ela se espraia atrás de Polixena como a cauda de um vestido.)

ULISSES: Hécuba, olhe sua filha Polixena... Ela mesma se preparou para esse casamento... Ela também se apaixonou loucamente por Aquiles, ela também quis ser sua mulher... Quando ele veio pedir a mão de sua filha, você colocou, como condição, que ele passasse para o seu lado, ou que ele, simplesmente, se retirasse dessa guerra. Mas Aquiles era muito orgulhoso e tinha um forte senso de honra para trair ou para fugir. E sua filha, também, tinha um forte senso de dever para abandonar sua cidade e os seus, para se refugiar no campo do inimigo. Mas agora ela mesma não deseja nada além disso... unir-se na morte com o homem que ela ama... Olhe sua filha, Hécuba... Ela já está pronta para esse casamento... Ela já não fala com mais ninguém, seu olhar já não é mais atraído pelas imagens deste mundo... Ela só quer se juntar ao seu belo noivo, do outro lado do Estige... Venha, Hécuba, é a tradição... Vamos festejar o casamento de sua filha com a morte, e depois vamos partir...

(Uma verdadeira festa dionisíaca começa. A festa é anunciada por um flautista com uma máscara de bode. Ele entra à frente de um cortejo de malabaristas e dançarinos. Alguns membros do cortejo trazem bandejas repletas de uvas e copos cheios de vinho.

Duas meninas com longos vestidos vaporosos trazem cestos cheios de pétalas de rosas, que elas espalham na frente da noiva.

Os dançarinos estão fantasiados de sátiros, ninfas, bodes... Várias jovens, as mênades, se separam e começam a dançar de uma maneira cada vez mais erótica, estimuladas pelo ritmo dos tambores e dos tamborins, dos pratos e dos sinos.

Cada personagem mascarada – o sátiro, o bode, o touro, o galo, etc. – executa um número individual, aos gritos. As personagens mascaradas conduzem as jovens, em seguida, numa dança de conotação orgiástica.

As personagens bebem vinho e comem uvas. Seus movimentos denunciam, cada vez mais, a embriaguez e o êxtase.

As personagens embriagadas fazem entrar um escudo enorme sobre um carro alegórico. É o escudo de Aquiles, obra-prima do deus Hefesto. No escudo, estão gravadas as constelações, assim como os rostos dos deuses, a terra e o céu e, no centro, é claro, o sol. Feito de ouro e de prata, o escudo brilha e reflete a luz e até mesmo os raios. As personagens continuam a dançar e beber, penduram-se no carro, sobem e dançam sobre ele. Elas sugerem, de alguma forma, a alegoria da morte "destruída" pelo amor, pela embriaguez, pela dança e pelo êxtase.

Durante todo esse tempo, Polixena fica imóvel, com uma expressão de plenitude em seu rosto.)

POLIXENA: Mamãe, eu devo partir, agora... Mas não se preocupe, ao menos eu não serei escrava... Eu amo Aquiles e devo honrar esse amor que ele me dedicou. E, depois, não esqueça que a mãe dele era uma deusa, Aquiles agora deve ser imortal... Eu vou encontrá-lo, mamãe, e tudo ficará bem... Este mundo não quis me dar a única coisa que eu desejei verdadeiramente, o amor... Agora eu vou buscá-lo do outro lado...

(O escudo de Aquiles é colocado no chão. Polixena se deita sobre o escudo. Seis dançarinos levantam o escudo com Polixena deitada sobre ele, e o içam sobre os ombros.

A música para, um único tambor marca os passos dos portadores do escudo de Aquiles.

O cortejo se dirige lentamente para a saída. Entretanto, o escudo de Aquiles torna-se cada vez mais incandescente. O corpo de Polixena é inundado pelas chamas e pela luz que brotam do escudo.

A grinalda de flores de oliveira fica abandonada em cena.)

18

Hécuba fica sozinha no meio da desordem deixada pelos foliões. Ela se põe a enrolar a grinalda, suavemente, ao redor de si mesma. Aos poucos ela emerge de uma letargia, de uma espécie de ausência.

HÉCUBA: Antes do nascimento dos homens, havia os deuses... Mas antes do nascimento dos deuses, havia o quê?

Dizem que os deuses também têm um pai e uma mãe. E que o pai dos deuses é o titã Oceano, e que a mãe dos deuses é a sua irmã e esposa Tétis... Dizem que Oceano e Tétis tiveram juntos três mil filhos e três mil filhas, todos deuses e deusas...

Mas Oceano, o titã que desposou a própria irmã para engendrar os deuses, ele também teve um pai e uma mãe... Seu pai foi Urano, o Céu, e sua mãe, Gaia, a Terra.

Mas o Céu e a Terra, eles também saíram de um pai e de uma mãe... Pois, antes deles, havia o Caos, abismo sem fundo e queda sem fim... Estranho... Me parece que o Caos, que era uma queda em todos os sentidos, engendrou o Céu e a Terra, graças a uma força imortal que se chama Eros, o Amor.

Na origem do mundo dos titãs, dos deuses e dos humanos há o Amor, força criadora, força indestrutível...

No entanto, alguma coisa não fecha no universo... Se tudo é engendrado pelo Amor, então, por que existe tanta crueldade, tantas guerras, tanta tristeza? Tem aí alguma coisa que eu não entendo... Por que tanta dor, se tudo brota do Amor?

(*Ela dá socos no ar. O barulho provocado pelos golpes é ensurdecedor.*)

Por quê?

(*Outros golpes no ar. Eco ensurdecedor.*)

Por quê?

(*Golpes no ar. Eco ensurdecedor.*)

Por quê?

(*Golpes no ar. Temos a impressão de que seus murros fazem o universo tremer.*)

Ei, Zeus, você que vê tudo, você que é o nosso mestre, o mais poderoso dos deuses... Me responda... Por quê?

(*Continuam os socos violentos nas portas invisíveis da cidade dos deuses.*)

E você, Hera, mulher de Zeus, você, também mãe de deuses e semideuses... Por quê?

(*Golpes no ar. Eco ensurdecedor.*)

Vocês mesmos nasceram porque Amor quis engendrar a vida... Então, me digam, por quê?

(*Outros golpes violentos contra uma porta de bronze invisível, que parece estar a ponto de ceder.*)

Por quê? Eu quero saber por quê...

19

Escuridão. Escutam-se, bem longe, socos violentos e regulares contra uma porta metálica.

Alguém acende uma lanterna. Revela-se, então, um tipo de ser bizarro, uma espécie de "vovô" com uma longa camisola e uma touca na cabeça. Ele desce de uma cama metálica, parece uma cama de hospital ou de um abrigo para os sem teto. Ele coloca um par de pantufas, e em seguida vai acordar uma outra personagem, que também tem o aspecto de mendigo.

Enquanto ele atravessa o cômodo, percebemos outras personagens, que roncam ou que gemem em suas camas metálicas, algumas vezes amontoadas numa mesma cama. Ao deslocar-se, o Velho com a lanterna deve em alguns momentos passar por cima dos corpos dos que estão dormindo no chão.

É difícil identificar o lugar. Um hospital ou um asilo de loucos? Um lar para os desabrigados ou uma casa de repouso em estado desastroso? Não se sabe, mas estamos longe da Grécia Antiga.

O VELHO COM A LANTERNA: Ei!

AQUELE QUE ACABA DE SER ACORDADO: Quê?

O VELHO COM A LANTERNA: Acorde!

AQUELE QUE ACABA DE SER ACORDADO: O que é que você quer?

O VELHO COM A LANTERNA: Começou de novo...

AQUELE QUE ACABA DE SER ACORDADO: Escute, eu estou de saco cheio... Me deixe quieto.

UMA VOZ MASCULINA ROUCA: Silêncio!

UMA VOZ FEMININA ROUCA: Eu quero dormir! Eu quero dormiiiir!

UMA VOZ ESTRIDENTE: Vocês dois, parem de brigar.

AQUELE QUE ACABA DE SER ACORDADO: Volte para a cama. Já chega.

O VELHO COM A LANTERNA: Eu não consigo. Essas batidas me deixam maluco.

AQUELE QUE ACABA DE SER ACORDADO: É só tapar os ouvidos.

O VELHO COM A LANTERNA: Eu não entendo. Eu sou o único que escuta essa criatura?

AQUELE QUE ACABA DE SER ACORDADO: De qualquer forma, não há nada a fazer.

O VELHO COM A LANTERNA: É você que tem que cuidar das portas e das fechaduras. Mande ela ir embora.

AQUELE QUE ACABA DE SER ACORDADO: Pai, ninguém pode expulsá-la. Você não entende? E, agora, me deixe dormir.

(*O velho com a lanterna se joga bruscamente sobre a personagem que acaba de acordar e a enche de pancadas.*)

O VELHO COM A LANTERNA: Você não vê que meus ouvidos sangram por causa dessas batidas? Faça alguma coisa, quando lhe disser. Mexa essa bunda! Levante e mande ela ir embora.

A VOZ ESTRIDENTE: Chega! Vocês estão loucos?

A VOZ ROUCA MASCULINA: Silêncio!

A VOZ ROUCA FEMININA: Merda, a gente não pode ter nem uma noite tranquila aqui! Estou de saco cheio!

O VELHO COM A LANTERNA: Cale a boca, Hera!

A VOZ ROUCA FEMININA: Eu posso, se você quiser, transformá-la em cadela.

A VOZ ROUCA MASCULINA: Não, deixe ela quieta uma vez que seja.

O VELHO COM A LANTERNA: Ela tem que parar de nos aborrecer...

AQUELE QUE ACABA DE SER ACORDADO: Não fui eu, pai, quem definiu *isso* na criação do mundo...

O VELHO COM A LANTERNA: O que você quer dizer?

AQUELE QUE ACABA DE SER ACORDADO: Quero dizer que a gente não pode fazer nada. Está escrito nos fundamentos.

O VELHO COM A LANTERNA: O que é que está escrito?

AQUELE QUE ACABA DE SER ACORDADO: Vá revisar os fundamentos.

O VELHO COM A LANTERNA: Não me irrite, Hefesto. O que é que está escrito?

AQUELE QUE ACABA DE SER ACORDADO: Está escrito que uma mãe cuja dor excede o peso do universo tem o direito de afrontar os deuses.

O VELHO COM A LANTERNA: E quem foi que escreveu essa babaquice?

A VOZ ESTRIDENTE: De qualquer forma não fomos nós...

O VELHO COM A LANTERNA: Sim, eu não fui, com certeza.

AQUELE QUE ACABA DE SER ACORDADO: Foram os Fados, pai... Foi antes do seu poder emergir... Então, vá se deitar. Coloque bolas de algodão nos ouvidos e vá dormir.

A VOZ ROUCA FEMININA: Eu posso transformá-la em cadela.

O VELHO COM A LANTERNA: Muito bem, vá transformá-la em cadela.

20

O Pastor e o Velho Cego, os dois um pouco bêbados, sentados no chão, as costas apoiadas contra o altar que acabaram de reconstruir. Eles passam, um para o outro, de tempos em tempos, uma ânfora de vinho.

O PASTOR: Ha, ha, ha... Você é engraçado... Você conta cada besteira... mas a gente escuta com prazer... Você nos ajuda a matar o tempo...

O VELHO CEGO: Não, tudo que eu lhe contei é verdade.

O PASTOR: Não... Você é um poeta... cheio de lábia... Mas esse é seu ofício... Qualquer coisa, na sua boca, se torna dez vezes maior, mais floreada.

(*Escuta-se o uivo de uma cadela.*)

O VELHO CEGO: Ouça, aí está prova de que eu estou certo.

O PASTOR: Isso, isso é só uma cadela desgarrada.

O VELHO CEGO: Não, isso é Hécuba...

O PASTOR: Então esse uivo quer dizer "por quê?"

O VELHO CEGO: Eu não sei o que quer dizer, só sei que você vai escutá-lo sem parar... Enquanto você estiver sobre as terras de Trácia, durante a noite, você vai escutar o uivo de Hécuba transformada em cadela.

(*Um cortejo de jovens, entre elas Ernada, aproxima-se. Elas são precedidas por um homem que bate regularmente num grande tambor.*)

A JOVEM: Ei, pai! Você está acordado? Você quer nos escutar? O concurso vai começar.

O PASTOR: Que concurso?

A JOVEM: O concurso de adivinhação.

O PASTOR: Eu estou sonhando ou estou acordado? O que é que está acontecendo aqui?

O VELHO CEGO: São os Jogos Píticos... Todos aqueles que possuem o dom da adivinhação vêm aqui, a cada dois anos, para se confrontar...

O PASTOR: Se confrontar como?

O VELHO CEGO: Prevendo o futuro. Silêncio, eu quero escutar o que sua filha vai dizer...

(*Batida de tambor.*

As quatro personagens femininas sentam-se no chão, e começam as cerimônias de adivinhação.

A primeira jovem joga no chão, diante dela, um punhado de pedrinhas. Batida de tambor. A segunda joga um punhado de conchinhas. Batida de tambor. A terceira joga um punhado de feijões secos. Batida de tambor. E a quarta joga um punhado de moedas. Batida de tambor.)

A PRIMEIRA JOVEM: Eu vejo barcos partindo, mas nenhum deles alcançará a costa para a qual estão navegando...

(*Batida de tambor.*)

A SEGUNDA JOVEM: Eu vejo uma nova cidade que começa a ser construída e que durará mil anos, mas ela nunca viverá em paz...

(*Batida de tambor.*)

A TERCEIRA JOVEM: Eu vejo novos deuses nascendo, enquanto os velhos se retiram, pouco a pouco, do mundo dos humanos...

(*Batida de tambor.*)

A QUARTA JOVEM: Eu vejo homens que querem encerrar sob um monte de pedras a dor de uma mulher... Mas o edifício de pedras vai desmoronar.

(*Batida de tambor.*)

O PASTOR: Eu não entendo nenhuma palavra do que elas dizem...

O VELHO CEGO: Pouco importa... Agora você pode voltar para casa. É a Grande Sacerdotisa do templo quem vai cuidar da sua filha agora... Ela chegou ao seu lugar. Ela encontrou aqui uma família. Um dia ela será uma grande vidente, uma Pitonisa...

O PASTOR: O sol se levanta... Parece que foram as batidas do tambor que o fizeram aparecer no céu. Eu tenho um dia inteiro de caminhada pela frente, eu tenho que ir... Eu deixei o resto do vinho para suas libações... Que os deuses lhe protejam, velho poeta... Vou levar suas histórias para as minhas montanhas...

(O pastor sai. O velho cego bebe e escuta os murmúrios das jovens videntes aprendizes. Suas palavras se transformam num tipo de encantamento, elas perdem o sentido e nós escutamos apenas uma música que surge de suas vozes oraculares.

As batidas de tambor continuam no mesmo ritmo.

Pouco a pouco o altar de pedras se rompe, como se as batidas do tambor estivessem causando a ruptura. Várias pedras se deslocam, outras se desprendem e caem.

O tambor ainda ressoa. O altar treme, outras pedras caem. Nota-se, durante o nascer do sol, que uma mulher vestida de preto está aprisionada no altar. À medida que as pedras vão caindo, a imagem de Hécuba aparece.

Seu rosto e sua boca começam a ficar cada vez mais nítidos. Não se escuta sua voz, mas é possível vê-la repetir uma pergunta que se dirige a todo o universo: POR QUÊ?

As batidas de tambor vão continuar a ressoar, no mesmo ritmo, durante o agradecimento dos atores, durante o aplauso do público e, sobretudo, durante a saída do público da sala de espetáculo.)

Fim

> CIP-Brasil. Catalogação-na-Fonte
> Sindicato Nacional dos Editores de Livros, RJ
>
> V812p
>
> Visniec, Matéi, 1956-
> Por que Hécuba / Matéi Visniec ; tradução Vinicius Bustani. - 1. ed. - São Paulo : É Realizações, 2014.
> 112 p. ; 21 cm.   (Biblioteca teatral - Coleção dramaturgia)
>
> Tradução de: Pourquoi Hécube
> ISBN 978-85-8033-178-3
>
> 1. Mitologia Grega - Teatro romeno. I. Bustani, Vinicius. II. Título. III. Série.
>
> 14-16805   CDD: 859.2
>   CDU: 821.133.1(498)-2
>
> 13/10/2014   13/10/2014

Este livro foi impresso pela Gráfica Vida & Consciência para É Realizações, em outubro de 2014. Os tipos usados são da família Sabon LT Std e Helvética Neue. O papel do miolo é alta alvura 90g, e o da capa, cartão supremo 250g.